NO TIME LIKE THE FUTURE

相約在未來

一個樂觀者眼中的生與死

MICHAEL J. FOX

米高・福克斯回憶錄

米高・福克斯 著　黃意然 譯

Boulder Media 大石文化

謹獻給

史蒂芬、蓋瑞、南希和鮑伯。

感謝。

目錄

各界讚譽

「自從米高・福克斯在一九九八年公開他的診斷結果後，至少從遠處看來，他的生活幾乎總是非常幸運。他創辦的基金會為治療帕金森氏症募集了驚人的八億美元。他寫了三本暢銷的自傳，甚至繼續演戲，飾演重要的角色。他和結婚三十年的妻子崔西・波倫的家庭生活從各方面來說都令人嚮往。他的人生第二春樂觀積極得不可思議。」

——**《大衛・馬奇斯，《紐約時報》，二〇一九年三月一日**

「世界最終會派出一個令人討厭的巡邏小子來阻礙你的進步，讓你知道誰才是老大。 」

——**史蒂芬・金，《黑塔：最後的槍客》**

前言

倒地不起的傢伙

二〇一八年八月十三日，清晨六點三十分

我要跌倒了。這一跤摔得非常突然，前一秒還站著，眨眼間就變成橫躺在地。我及時扭頭，臉才沒有直接撞上廚房地磚。這到底是怎麼回事？我用右手肘撐起身體，想把重心移到左邊，順勢一推站起來，但想不到的是：我的左手臂竟然沒有感覺！等驚嚇平復了以後，我很清楚自己需要求助。我靠腹部施力朝掛在牆上的電話爬去，像獨臂的突擊隊員一樣在餐桌下匍匐前進，爬過地板，穿過椅腳叢林，拖著像沙包一樣毫無反應、不聽使喚的左臂前進。

◇◇◇

得了帕金森氏症三十年，我已經和這個病建立了某種緩和的關係。我們在一起很久了，我早就知道不可能控制。我已經無奈地接受了一件事：這只能靠適應力和韌性去面對。帕金森氏症就像一個拳擊手，不斷用犀利的刺拳攻擊我，只要我願意稍微伴攻閃避都還應付得過去。但是突然又來了一記勾拳側閃，打得我跪倒在地好一陣子。我脊髓中間偏上的位置出現了一顆腫瘤，和帕金森氏症無關，雖然是良性的，但是壓迫到神經，遲早會讓我癱瘓。這問題本身就很危險，必須進行高風險的手術，我在倒在廚房地板上這一刻的四個月前才剛開完刀。經過術後恢復和復健的嚴酷考驗，我從輪椅、助行器，進步到拐杖，最後終於可以行走。然後就發生了這個意外。

事故前一天，我才剛從瑪莎葡萄園島搭機回到曼哈頓。我們一家在那裡過暑假，我中途先行離開。崔西不放心我自己一個人待在紐約，因爲我還是像我們兩人說的那樣「走路有點搖搖晃晃」。但有人請我在史派克．李監製的電影裡客串一場戲，要拍攝一天，地點在布朗克斯，給了我短暫獨立的機會。「我過兩天就回來了，」我向她保證。「幫我留一隻龍蝦。」

我們二十五歲的雙胞胎女兒之一絲凱勒也需要回紐約工作，所以我們一起飛回家。她留下來陪我吃晚餐，我們在餐桌上吃外帶義大利麵。迅速吃完最後一口後，她問了我一個問題。

「再回去工作你感覺怎麼樣？」

「不知道耶，我覺得好像又恢復正常了吧。」

「不過你會**緊張**嗎，老拔？」我家小孩都這樣叫我，不是老爸，是老拔。

我露出一抹有自信的笑容。「嘿，這可是我的工作呢，我就是吃這行飯的。」

小凱提議要在她以前的房間過夜，以防萬一隔天早上我會需要她準備早餐，或者在我去片場前幫忙我打理好事情。「小凱，我愛妳。這些事情我做過幾百萬次了。妳就回自己公寓休息吧。我不會有事的。」

「好吧，」她說，「不過答應我，你……」

我替她把話說完。「……走路時絕對不要拿著手機。」

她笑了，表情帶著溫柔的譴責，是我活該。我是邊走路邊嚼口香糖的高手，但大家的共識是我拿著手機就沒辦法安全地走路，那會嚴重危害我的肢體協調。

「你知道就好。」

我抱了抱她，道了晚安，看著電梯門關上。這是我好幾個月來第一次獨處。

◇◇◇

無論跌倒的原因是什麼，都讓我摔得又急又重。我不只**倒地**——像個狼狽倒在樓梯口、旁邊還有個打翻的洗衣籃的可憐老太太一樣，而且還**爬不起來**。我對疼痛有一套看法：會馬上感覺到痛的傷都不是什麼大問題。如果是幾分鐘後才開始愈來愈痛的那種，就代表真的嚴重了。

現在，開始痛了。

我把身體重心微微挪向左邊，結果揭露了兩個事實：第一，有一股疼痛快速竄過我無用的那條手臂；第二，我發現手機在口袋裡。我在走到廚房前把手機塞進運動褲後面。**（特別向絲凱勒說明：我可沒有拿著手機喔）**。我的第一個反應是打電話給崔西，可是她在距離車程五個小時以外的瑪莎葡萄園島，我不想嚇到她。因此我打電話給我的助理妮娜，她跳上計程車，幾分鐘內就趕了過來。

奇怪的是，在所有人之中，我偏偏想起了吉米・卡格尼。他有一次在新電影拍攝的第一天送了一張紙條給我，上面寫著：**準時到場、記住臺詞、別撞到家具**。今天早上，我按照預定時間，也熟記了兩頁的對白，不過第三點徹底失敗了。

在等待妮娜的時候，我生氣地癱倒在廚房地板上，痛苦指數急遽上升。我努力從這團混亂中理出頭緒，但平常可以讓我冷靜下來的萬能鼓勵話語在這一刻都派不上用場。一點用處都沒有。只有疼痛和懊悔。我無法把心態變得積極，沒辦法繼續向前面對生活帶來的下一個挑戰。我感覺到的不只是沮喪和憤怒，還有一種類似羞愧的感受：難堪。自從四月動了脊髓手術後，包括醫師、家人、朋友在內的所有人每天都再三地叮嚀我。**你只有一項任務：不要摔倒。**但我還是跌倒了。

倒在廚房地板上的這個意外在很多方面都讓我感到沮喪。倒不是因爲我受了傷，我受傷過很多次了。我經歷過很多事情，遭受過各種磨難。但不知道爲什麼，這次事故感覺特別針對個人。

把苦澀的檸檬做成酸甜的檸檬汁？——去他的，我不賣檸檬汁了。

第1章

戀家男人

山姆是唯一在我得了帕金森氏症前生下的孩子，我相信他對當年的情況沒有什麼記憶，或許甚至渾然不覺。我盡了一些爸爸的基本義務，例如在池塘邊抓青蛙；陪他去上親子音樂課，和一群超嚴肅的保母看著他們學奧福啟蒙樂器；設法鼓勵他參加團隊運動，後來發現這行不通（太容易吵起來）。我示範給山姆看怎麼用「兔耳朵法」綁鞋帶，先拉起一條鞋帶折成耳朵，另一條鞋帶套住那隻耳朵，繞過圓圈下方，變成第二隻耳朵。我教他騎腳踏車，從後面輕輕推著他，直到他有信心踩下踏板加速。如今，山姆偶爾也會推著我——坐在輪椅上的我。當然我不需要踩踏板。我小心翼翼地從輪椅起身時，兒子往往會在我邁步前檢查我的鞋帶，鬆了的話就迅速幫我繫好。

我大兒子唯一遇上的問題與時機有關。比起我還在發展中的帕金森氏症，我的另一個大問題對他人生的影響更重大——我在山姆出生三年後才戒酒，至今尚未破戒。在他上小學前，我們父子相處的寶貴時光多半是「美樂啤酒時光」。他告訴我，他最早的記憶中就有去冰箱幫我拿啤酒的印象。雖然我不記得我曾經因爲喝酒而危害到崔西或山姆，但酒精問題是會逐漸惡化的。

我們剛結婚不久我就堅持要盡快生小孩，非常執著於扮演那個典型的「丈夫／父親」角色。這兩個名詞之間不能有任何間隔；對我來說只當丈夫、不當父親完全沒道理。我相信崔西一定表達過不情願或猶豫，但是我沒有看出她眞正的感受，也不了解當了母親後會多麼嚴重地打亂她正在起飛的演藝事業。

最初走錯的這幾步帶來了不良的後果——我們發覺自己的基礎非常不穩。我當上了父親，我愛我的兒子，但某些方面來說，我只是做做當爸爸的樣子。儘管山姆現在是個樂觀的成年人，但他的幼年時期充滿了考驗。他特別容易哭鬧，而且以那麼小的孩子來說異常的悶悶不樂。我沒能幫上什麼忙。此外，當時我有酗酒的毛病，接著又診斷出帕金森氏症，內心的混亂和外部的動盪碰在了一起。總得做出某種改變。

因此我合乎邏輯地向崔西提議我們再生一個孩子。她搖了搖頭，簡直不敢相信。「你在開玩笑嗎？」在那之前尚未證實帕金森氏症會遺傳，因此她不願意生和擔憂疾病會遺傳無關，也不是因爲認爲我有可能殘疾，無法盡到父親的職責。反之，那是和我的酗酒問題與精神狀態有關，當時我只是想辦法一天撐過一天。爲了工作我經常出遠門，可是我在途中感受到的孤獨不會比我在家裡愈來愈深的孤獨感更強烈。我覺得自己有點變成邊緣人，卻不明白那種疏離是我自己造成的。我喜怒無常，對於我們的婚姻狀況和我的事業方向感到迷惘，而且一想到最近的診斷結果，我根本不知道我的事業是否還有未來。

最後，在某個爛醉的夜晚，我醒來發現崔西站在我身旁。我睡在長沙發上，垂下來的手臂旁邊地板上有一罐打翻的啤酒。她看到這一幕，只問了我一句：「這就是你想要的嗎？」讓我當下就決定從此改變人生的，並不是她口氣中的憤怒，而是厭倦。

她把我嚇壞了。崔西已經受夠了這整套酒醉的戲碼。

我答應定期參加戒酒無名會的十二步驟康復計畫，並且請了喬依絲來幫忙。她是位才華橫溢的榮格心理分析師，幫助我撲滅了大火，之後的多年裡她還會再幫我救火很多次。漸漸地，我學會了接受並且理解我的新疾病。酒我可以戒，但帕金森氏症會跟隨我一輩子。治療計畫提供的知識、工具、諮詢也爲我照亮了和我的病一起前進的路。我認眞努力接受治療，不只是爲了變回以前的我，而是爲了變得更新、更好。

結婚六年、得知我患了帕金森氏症四年、戒酒三年後，我發現我和我那超級有耐心及愛心的太太的關係更爲鞏固了。然後就在那一年，一九九四年，崔西懷了雙胞胎，這兩個額外的寶寶是來彌補我們失去的時間（或者也可能是上帝給我們的驚喜）。奇怪的是，大家都毫不尷尬地直接問我們：生這麼多孩子，又要應付這種會無限惡化的嚴重神經系統疾病，會不會擔心？還有我們難道不怕寶寶也可能遺傳到這種疾病嗎？這問題怎麼想都不恰當，不過答案是：我們不擔心，他們也沒必要擔心。

加倍再加倍

雙胞胎在子宮裡相處得不大融洽。由於妊娠時期出現了併發症，崔西比預產期提前一個月就引產。雙胞胎輸血症候群指的是其中一個胎兒占據了食物和血液的供應，霸占了胎盤，體重愈來愈重，而另一個卻愈來愈瘦弱。所以我們挑了一個日期引產（也因此對所有的星座分析產生懷疑）。出生時，果然一號寶寶臉色蒼白，體重在四磅左右。八分鐘後二號寶寶登場，體重將近六磅，像顆番茄一樣又胖又紅潤，而且我發誓她當時在笑。時至今日（她們二十五歲了），一號寶寶艾奎娜美麗、風趣、聰明，既不貪心也不自私，但很清楚自己需要什麼以及如何保護自己想要的東西。兩個人相比，她比較獨立果決。二號寶寶絲凱勒也很漂亮（畢竟她們是雙胞胎嘛），聰明、慷慨，總是樂意與人分享。有時候，她會關心別人勝過關心自己。我懷疑她有一點點愧疚自己在子宮裡的時候對姊妹這麼壞。艾奎娜已經原諒了妹妹曾經想要殺死她的這件事。我們沒有插手，這是她們姊妹倆的事。

在山姆、艾奎娜、絲凱勒小時候，不管帕金森氏症對我的影響有多大，他們都把這當成是正常情況。此外，我們家也發生了一些好事，因爲當我們決定是否要再生一個（也就是第四個）孩子時，我們一點都不遲疑。

崔西和我回想起我們的對話。當時女兒的五歲生日派對剛圓滿結束，客人都走了。崔西和我筋疲力竭，沉浸在派對結束後的寧靜中。我拿著健怡可樂慢慢喝，崔西啜飲著葡萄酒，突然瞇起眼睛看著我問：「你知道我在想什麼嗎？」

「我要是知道妳在想什麼，我的日子就輕鬆多了，」我老實回答。

她哈哈大笑。「我只是覺得好像有人還沒來。」

我指了指房間。「呃……派對結束了。我們的小禮物也都發完了。」

崔西稍微澄清了一下。「我們的公寓還不夠吵鬧。」

我們盤算了一下，結果多了艾思梅。

對艾思梅來說，帕金森氏症不只是她家庭生活裡的常態，她還歷經了米高・福克斯基金會的創立與發展，這個基金會成爲推動帕金森氏症醫學研究的一股力量。在她眼中，我的公眾形象是熱心公民運動的社運人士，在家則是半退休、非常有空的父親。

在哥哥姊姊離家去念大學的那些年，實在找不到比她更適合最後一個留在家裡的孩子了。以艾思梅的精神來生活有一個好處，就是她顯然無疑經歷過這一切。她閱讀寫作都非常熟練，以她的年齡來說，算是可以理解非常細微的差別。但她還是會來徵詢我們的意見。我沒有讓她知道，但我總是自慚形穢。她應付陌生困難的事務輕鬆自如，沒有什麼難得倒她，也沒有什麼人、場所、困境可以讓她分心或阻止她追求自己的目標。我們理所當然地認爲艾思梅會跟隨哥哥姊姊的腳步，參加他們去過的夏令營。結果我們最小的孩子才八歲就很有自己的想法。她排除了大孩子參加過的夏令營，理由是她對花生過敏，而她獨立調查後發現，之前的營地並不忌堅果。她搜遍網路，自己主動和一些容不得花生的營地聯絡，尤其是位在新罕布夏州的華特・惠特曼營，那是她的最愛，最後她去了那裡。我敢打賭她肯定也很欣賞那位樂觀主義的詩人華特・惠特曼。艾思梅就是這樣的孩子。

時間旅人

崔西和我對我們所有的孩子有個想法：他們是時光機。他們本身的生命能量用殘酷的速度把我們的時間軸不斷往前推，從出生、小學、朋友、慶祝活動、察覺到的和眞正的危機、社群媒體、高中、大學，一直到我們突然間坐在空蕩蕩的屋子裡，房間裡擺滿了玩具熊、搖滾樂海報、不同代的遊戲機、父母捨不得扔掉但再也不會穿的衣服、女兒曾經因爲嫉妒而爭搶、如今已準備丟棄的鞋子。我在等待孩子來探望的時候無所事事地虛度時間。只有我太太夠聰明，醒悟到這是屬於我們兩人的時間，可以放慢腳步，找到我們自己的節奏。

奇怪的是，我可以把帕金森氏症和我太太的想法聯繫起來，這是這種病爲什麼是禮物的另一個原因（儘管這禮物不斷地拿走我的東西）。我愼重地應付每一天、每一秒、每一個動作、每一個念頭，那樣的審愼確實可以讓我速度慢得像爬一樣。我的每一分每一秒都經過深思熟慮，對於我的一舉一動，我都和自己小小商討過。

我不慌不忙地慢慢來。時間帶不走我。

空巢期

山姆現在三十多歲了。我不知道這是什麼時候或者怎麼發生的，不過他長成了人格非常健康的成年人。

我跟他相關的任務基本上已經完成。由於我愛上的女人——也就是他的母親——擁有優秀的基因，因此我達成了達爾文理論中所有父親的目標，共同創造出一個更高、更聰明、更風趣、更帥版本的我。

我沒有和一九七九年的同學一起讀完高中（我一直到一九九三年才拿到高中同等學歷文憑），因此在我大兒子離家去念大學時，我不知道該怎麼跟他相處。我沒有經驗可以分享，也提不出什麼和女同學相處的精闢建議，只能說說一些要人警惕的小故事，例如早年在洛杉磯當一個三餐不繼的演員時，曾幾次闖入兄弟會的派對。（規則一：一定要留意你的啤酒杯。）這感覺很不眞實，因爲不管我和山姆一起參觀過多少次校園，看了多少遍錄取表格，但是當他眞的離開了，我還是非常震驚，而且有點生氣。

山姆和我之間有種特別的連結，不只是刻板印象中的父子關係，也超越了通常存在於父母與長子之間的關係。我們的關係一直都是靠共同的興趣和想法在維繫：在佛蒙特州和康乃狄克州的樹林裡漫步；我們同樣熱愛搖滾樂，從法蘭克・札帕到齊柏林飛船再到傑斯（Jay-Z）；在天南地北地談論政治的對話中意外發現他甚至比我更左傾。通常我們都同樣欣賞荒誕的事物。（請參考我剛才提到的政治和法蘭克・札帕）。

山姆是每天陪伴我的人，是我的好夥伴，是我「生死相交」的老友。如今他走了。我曉得他只是去上大學，但不管怎麼說他還是不在了。我們幫孩子做好離家念書的準備，結果他們竟然有膽子眞的離開了。他們回家幾天，洗好衣服，和高中朋友廝混的時間比跟我們在一起的還要多。這眞的是一種折磨。我們很自豪也很擔心，掛念他們沒有我們會無法生活，但是看到他們沒有我們也活得很好，我們又受到嚴重的打擊。

我們意識到在他們開始創造自己的未來時，我們也要開始面對自己總有一天會死亡的事實。

◇◇◇

儘管我深愛我太太和三個女兒，但山姆前往西岸後，我就淹沒在雌激素的汪洋中。那年夏天，我在瑪莎葡萄園島的奇爾馬克雜貨店看到布告欄上的告示時，深深感到我需要哥兒們。

第2章

與狗共度的歲月

「救援犬」這個詞會讓人聯想到兩個畫面。一個是有點好笑又老套的：脖子上掛著白蘭地桶的聖伯納犬，在雪堆中找尋迷路的阿爾卑斯山一日遊遊客。另一個則是角色顛倒過來：我想到的是美國愛護動物協會找莎拉・麥克勞克蘭和艾瑞克・麥柯馬克來拍攝的廣告中那些令人震驚的畫面，還有那些真正把狗從極度的痛苦和疏於照顧中拯救出來的大好人。我欽佩他們做這種令人心碎的困難工作。除此之外，如果只是做些好事，例如從動物收容所或搬家的鄰居那裡收養一隻狗，卻用上「救援」這個詞，我會覺得是自吹自擂。這種行為就是沒有達到英勇的程度。請記住我們也從中獲得了一些東西。我們得到了一隻狗、一個朋友、一個知己，對我來說，是多了一個會絆倒我的東西。

我從小在軍人家庭中長大，從來沒養過狗。倒不是當兵禁止養狗，只是我們時常搬家，借用一句老話來改：「如果軍隊想要你養狗，他們就會發一隻給你。」過了青春期後我獨自生活，繼續流動的生活方式，經常爲了電視和電影的工作東奔西走。但我確實歡迎過幾隻狗進入我的生活。其中有兩隻尤其令我印象深刻：一隻是最近在靠近家園的地方遇見的，另一隻是多年前在世界另一端的東南亞偶然相遇的。

一九八八年上半年的大多數時間，我都在泰國拍攝《越戰創傷》，那段經歷非常折磨人，即使是在忙亂的電影製作過程中還是經常感到寂寞。崔西和我訂了婚，預計等我回美國不久就結婚，我的每個細胞都想念著她。四月裡有一天，我在普吉島上一處叫做攀牙的村落拍外景時，看見有一家人聚集在海灘邊。一隻血統不明、黑白雙色的小狗，髒兮兮的脖子上掛著一條短繩，繞著他們蹦蹦跳跳。那家人不斷發出噓聲把牠趕走。我對弱勢和狗都完全無法抗拒，於是我蹲下去叫牠過來。牠蹦跳著朝我跑來，彷彿認識我大半輩子了，也的確，那時牠已經差不多熟悉了我。我的司機旺仔努力說服我那隻小狗不是寵物，而是蛋白質，注定要被丟進湯鍋裡。旺仔也許是在跟我開玩笑，但那家人確實似乎對那隻狗毫無感情，至少對於目前還沒煮成菜餚的牠不感興趣。最後牠一整天都跟在我身邊，因此我決定不要丟下牠。我給了那家人相當於十美元的泰銖，他們接受了。

我很快就發現我的新朋友身上有一堆害蟲。等到下一次休假，我就帶他去看島上的獸醫。在除完蟲，治療了疥癬，並且注射了各種針劑和疫苗後，獸醫建議我幫他取名爲「沙努克」，這個泰語詞的意思近似「和平」或「平安」，是表達精神和情感的善意的詞語。我非常喜歡。整個春天和夏天沙努克都跟我在一起，一直到我們終於完成了馬拉松式的拍攝工作，離開泰國回家。

遺憾的是，把動物從亞洲帶到美國所需要的檢疫程序令人望之卻步，我不忍心讓沙努克經歷那個過程。我拍攝期間的據點是在普吉島的安縵璞瑞度假飯店，那裡還有另外兩隻狗，都是飯店經理養的。這兩隻獵犬對沙努克都很包容，就好像對待惹人生氣的小弟弟一樣。小狗在那裡茁壯成長——有什麼理由不會呢？有游泳池、棕櫚樹蔭，還有廚房的殘羹剩飯。我懇求經裡幫忙，他慷慨地答應收留沙努克。回到美國後我和崔西結了婚，偶爾我會想起那隻黑白雙色的小狗。她一定會喜歡牠的。

幾年後，有個朋友提到他剛去泰國的安縵璞瑞飯店度過假。

「我見到了你的狗，」他向我報告。

「你見到了我的狗？那隻名叫沙努克、黑白雙色的小狗？他還好嗎？」

「很好，」他說。「牠看起來很快樂。只不過他們不叫牠沙努克。我猜他們給他取了新的名字。」

「叫什麼？」

「米高・福克斯。」

葛斯出生在南方某處的收容所。那一窩小狗被送到新英格蘭地區的另一間收容所，一位來自科羅拉多州的好心女士收養了其中一隻公狗，把牠帶到她家位在瑪莎葡萄園島的避暑別墅。不久她就發現自己對狗毛過敏。經過一連串奇妙偶然的事件，我遇見了葛斯，把牠帶到我自己的家中。有人可能會認爲這是「救援」，但是我不這麼想。我並沒有解救葛斯。你可以說是牠救了我，但牠太謙虛了，不會這麼說。葛斯和我只是找到了彼此。葛斯很幸運，我也很幸運。

瑪莎葡萄園島的奇爾馬克商店是可以買一片披薩或一杯咖啡，然後舒舒服服坐在陽臺上的地方。在旺季的任何一天，各種類型的夏季遊客都會成群聚集在那裡買東西、吃零食、聊天，也許還會看到一、兩位在島上度假的名人。你在調味料檯前拿吸管時，遇到的人有可能是傑克・葛倫霍、詹姆斯・泰勒，或是賴瑞・大衛——雖然他可能會啪地一聲拍開你的手。這絕對是很酷的人聚集的場所。我通常會避免去那裡（那裡與其說是商店，不如說是社交場所）。

我的朋友克拉克・格雷格和他太太珍妮佛・葛霈以及女兒史黛拉跟我們一起度假。

打完高爾夫球回家的路上，克拉克提議我們把車停在奇爾馬克，去喝杯咖啡冰沙。我哀嚎了一聲。我實在不想撞見被衆人圍繞的艾倫・德肖維茨和他的隨從，但那天下午我們熱得滿身大汗，咖啡冰沙聽起來很吸引人。到了以後，我們拿了咖啡走到陽臺上。在店家飽經風雨侵蝕的木瓦牆上，有一面布告欄供人張貼廣告——臨時保母服務、吉他課、庭院工作、即將舉行的音樂會，以及社區活動。在這片雜亂的廣告當中，有一張照片吸引了我的目光：一隻待人領養的小狗。廣告中描述他是大丹犬與拉布拉多犬的混種狗，三個月大，毛色黑白相間，名字叫「太空」，是以卡通《傑森一家》裡那隻狗的名字來命名的。我沒有說什麼，也沒有記下電話號碼，不過太空一直留在我的腦海裡揮之不去。

那天晚上吃晚餐時，崔西跟我說：「我今天騎自行車的時候看到了一個有意思的東西。我在奇爾馬克商店停了一下，結果看到布告欄上有一張廣告……」

「爲一隻狗找主人？太空？」我打斷她的話。

她放下叉子。「對，太空，就是那隻狗。你怎麼知道？」

「妳也看到了？」我問。「我們得去看看這隻狗。」接著我又補了一句：「我希望他還沒有牢牢記住『太空』這個名字。」

四條腿的兒子

和葛斯（原名太空）在一起的生活出乎意料地令人驚喜。

二〇〇八年夏末，一直到山姆離開、葛斯出現，我才發現我的生活中已經逐漸減少了耗費體力的活動。我跑步再也不安全可靠；我的跳躍無法信賴；我在高爾夫球場上會構成威脅。不過我仍然可以一連走上幾天。山姆和我漸漸不再做任何比健行、騎自行車、跳進游泳池更需要體力的活動。令人難以理解的是，最後一項是葛斯唯一不願意做的事。儘管牠的外表有一部分像拉布拉多，但牠對水的厭惡無疑確定了牠是隻慵懶的獵犬，不過除了游泳以外，牠什麼都願意嘗試。

牠對海灘的反應也差不多負面。每次崔西、我或是其中一個孩子消失在浪潮中，牠就會坐立難安、焦慮、精神崩潰。牠會急切地等待我們出現，在沙灘上來回踱步，踏出一條溝來，並發出輕聲低沉的吼叫，瘋狂地找尋可以幫忙的人。（誰能來幫忙？誰能來幫忙？）但牠沒有關心到願意自己冒險下水的程度。最後，我們會回到沙灘上，一面用毛巾擦乾身體，一面努力說服牠我們沒事。（我早說過了牠不是救援犬。）

回到城裡後，我們每天的生活都是一大早六點半就開始，到中央公園散步。太陽剛從東邊升起，一切還籠罩在陰影中，我們就沿著環繞蓄水池的騎馬小徑走。等走到發電廠的轉彎處時，小徑就變直了，直直通往我們散步的中間點。太陽開始照在我們身上，我們加快了步伐。在我沒辦法和葛斯一起到公園的日子裡，這項例行工作——雖然我不認為這是份工作——就交給雇來的遛狗人。我們附近的遛狗人顯然是為同一群狗服務，到處都能遇見牠們。大概每隔一次去公園，我們都會遇到葛斯認識的狗，牠們會花上五到十分鐘的時間聞屁股、搖尾巴、佯裝攻擊，我就在一旁聽遛狗人聊研究所的事。

對任何一個愛狗人士（或者純粹感情豐富的人）來說，沒有什麼比得上精力充沛的小狗。牠們會讓人興奮，同時也會搞得人精疲力盡。儘管如此，葛斯也是會累，想要在西區休息一下。我們會繞著大草坪走一圈，然後坐在長椅上，讓葛斯接受大家的讚賞。這隻狗人見人愛。

崔西說：「你曉得他們停下來不是因爲狗，而是想要跟你打招呼吧。」

「不，妳才不懂。我根本像個隱形人。大家眼中只有一隻四個月大、體重四十磅、黑白毛色的小狗，只看到牠的耳朵、四肢，和舌頭，就立刻愛上牠了。」

接受了夠久的吹捧之後，我們就走到中央公園西大道與八十一街附近，順道去自然歷史博物館北邊的公麋鹿愛犬公園。那裡眞是亂成一團。有很多很多的狗，各種不同的品種都有，還有很多過度保護狗兒的直升機主人，他們早該料到帶家裡的寶貝來狗狗公園自然會遇到其他的狗吧。葛斯常會玩到瘋狂忘我，這不是牠的錯，而是天性。牠的精力和熱情友好讓牠想和大家來往，不論是兩條腿或四條腿的。這時我就需要聰明地運用我偷藏的肝臟零食，我得賄賂牠才能讓牠離開那裡。通常會有一、兩隻雪納瑞跑過來分一杯羹，我趕走牠們，費力把牽繩繫在葛斯粗壯多肉的脖子上，然後就往東走。

無論是在市區或是在長島我們家附近，葛斯和我散步都有固定的時間和路徑。不到一年的時間，他就從四十磅長到一百一十五磅。我一點都不需要彎腰就能揉揉牠的耳朵，或是搔搔牠兩眼中間牠自己抓不到的地方。每當我停下來，牠就不斷用頭頂我的手。牠現在非常龐大，因此在城裡和鄉間的鄰居看到我們倆在一起都說是：矮個子遛馬。每次聽到人家說：「你怎麼不給那傢伙裝個馬鞍？」我都會賞牠一頓肝臟乾零食。

養狗的人應該很熟悉我描述的這種關係，那不只是主人與寵物的關係，而是物種間的交融。我曾在哪裡讀到（並且透過實務經驗證明了），如果可以和動物（尤其是狗）對視三十秒以上，雙方之間就肯定有某種關係。我不想說得太嚇人，不過我可以和葛斯互相凝視個好幾分鐘，好像牠在等我下指令一樣。牠對一些不合理的口頭提示也會做出反應。「葛斯，」我會提議，「去拿你的毯子過來。」牠會拿棕色的給我，接著我又說：「不，不是這條。是紅色的那條。」然後牠就會反應過來，拿顏色正確的那條給我。

有一部我很愛的電影叫《從前，有個好萊塢》，是我很喜歡的導演昆汀・塔倫提諾拍攝的，片中有一場戲是布萊德・彼特回家，一邊訓誡他的比特犬，一邊打開狗糧罐頭爲牠準備食物。令我印象深刻的倒不是他對狗室友說了什麼話，而是雙方清楚彼此之間那種相互尊重和親密的關係。以下劇透請注意：到最後，布萊德的英雄比特犬跑來拯救他，改變了歷史。

我改天得播那部片給葛斯看。

我說這些事並不是暗示我和葛斯的關係在某種程度上取代了我與我兒子的關係。拿這兩者來比較顯然不合乎情理。只不過這隻混了大丹犬血統的雜種狗緩解了我在山姆離開後感受到的痛苦，如今這隻狗在我的生活中扮演了完全不同的角色。牠促使我不斷前進，讓我活在當下，更重要的是，牠讓我保持一顆坦誠的心。

第3章

再度演戲

身爲演員，這是我對自己的看法：我可以扮演任何人類，以及一些動物，只要他們患有帕金森氏症。我在《城市大贏家》裡飾演的角色麥可・弗拉爾蒂副市長並沒有帕金森氏症，因此到第二季結束時，他很難讓人相信他的身體狀況沒有問題。我愈來愈擔心假如觀眾不知道我的狀況，我奇怪的動作會讓他們感到困惑，但若是他們知道了又有可能會疏遠我（如果他們知道我得了帕金森氏症，他們還會覺得我很有趣嗎？），因此我在一九九八年決定公開自己的病情。當然影迷非常包容支持我。不過到了二〇〇〇年，經過深思熟慮後，我決定退出這個節目和演藝界。在四十歲時，我的症狀已經惡化到讓我認爲自己的演藝生涯到此爲止了。

現在回想起來，我可能太早下定論了。我後來的發展方向令人意想不到。雖然我演出《城市大贏家》最後一季時，身體會因爲異動症而不自主地顫抖搖擺，但接下來幾年，由於我自願失業，反而緩解了一些更嚴重的帕金森氏症症狀。我找到了一位動作障礙治療專家蘇珊·布雷斯曼博士，她徹底調整了我的帕金森氏症藥物治療方法，也重視物理治療、飲食，和健身。這段時期幫助我恢復精神、減少壓力，並且讓我更了解這種疾病。

在這段時間裡，米高·福克斯基金會的職責讓我積極地忙工作，當然我跟太太以及四個學齡孩子的家庭生活也充滿活力。我快樂得像個蛤蜊一樣。但誰想要當蛤蜊？我覺得我的私人時間太多了。我想要當別人，至少幾個小時也好。在退休兩年後，再度演戲的想法似乎愈來愈有道理，甚至可能是有必要的。

彷彿他有條專線直接連到我的大腦似的，《城市大贏家》的共同創作人（也是我的朋友）比爾·勞倫斯打電話過來。他的新節目叫《醫院狂想曲》，是一齣以一家不正常的醫院爲背景的醫療喜劇，由札克・布瑞夫帶領一群滑稽的演員演出。比利想知道我是否覺得可以勝任故事支線中的一個客串角色，演出個幾集。我很感興趣，但我有一些顧慮，因此我公正地事先提醒他。

「我討厭耍大牌，但你要知道我可是會帶包袱去喔。我說的『包袱』是指兩根手捲菸、一個帽盒，和一個西裝收納袋。」

「我敢打賭還有一個腰包，」比利大膽地說。「你需要什麼？休息時間要長一點？還是通告時間晚一點？」

「這些都是，但絕對還會有別的。」我向他保證。

這是個很有意思的機會。比利心目中設定的角色是凱文・凱西醫生，一位患有強迫症的古怪神經外科醫師。編劇創作的這個角色具有所有典型的強迫症行爲，包括洗手、開關電燈、發出聲語型偶客（vocal tic），但我不會把重點放在這裡。對我來說，這些行爲不能代表他的全部。我必須找出凱文眞實的一面。吸引人的不是角色在表面上展現的東西，而是他隱藏起來的那一面。

我不必太深入搜尋，就找到了我與凱文・凱西醫生的連接點。他與我的處境高度相似。

J.D. 在手術室的刷手區想找凱西醫生對質，凱西醫生正在那裡洗手。

J.D.（態度強硬）

凱文，我得和你談談。現在，馬上。

這打斷了凱西徹底洗手的動作。他用手肘關上水龍頭，氣呼呼地轉向 J.D.。

凱西醫生

該死的！

J.D.（氣焰突然滅了）

晚點說也行啦。

凱西醫生

過去幾天我一直在認識新的人，努力適應這個地方。我壓力很大、累得頭昏腦脹，我只想回家。不過這是壓死駱駝的最後一根稻草了。我上一場手術已經是兩個小時前的事了，但我還是忍不住一直洗我這雙該死的手。

凱西沮喪地大叫一聲，把肥皂扔到房間另一頭。

J.D.

我很抱歉。

凱西醫生

不，該抱歉的是我。對不起，我現在非常脆弱，不該讓人看到這一幕的。

他停頓了一下。

我會清理那塊肥皂，也許清個幾千次吧。J.D.，每個人都有自己的包袱。我不會把自己的包袱丟到別人身上。好了，你想要談什麼？

J.D.

沒事。

J.D. 審視凱西醫生。鏡頭逐漸淡出，轉變成用蒙太奇手法拼接的畫面：

凱西醫生進行他結束一天的儀式，背景播放著酷玩樂團的〈一切都不會失去〉。

J.D.（內心的旁白）

我想，要扛起自己的包袱就是最困難的部分吧。不過，如果環顧四周看看其他人必須對付的情況，就不會覺得那麼氣餒了。

◇◇◇

我在《醫院狂想曲》演出的兩集算是一種測試吧，而且以我個人的淺見，我認爲自己合格了。我演出的並不是一個得了帕金森氏症的角色，而是一個強迫症患者。我發現我可以不要那麼注重外在，不必再努力隱藏自己的症狀。這和拍攝《城市大贏家》時有明顯的對比，當時我讓現場觀眾等待，自己在更衣室裡來回踱步，用拳頭捶打手臂試圖止住顫抖，但毫無用處。在演出《醫院狂想曲》時，我不但沒有想辦法止住，反而邀請帕金森氏症與我一起到片場。

我可以自由地把注意力集中在任何演員（不論身體是否健全）都有責任完成的任務：發掘另一個人的內心世界。把重點放在角色的弱點而不是我自己的問題上，帕金森氏症其實就會消失，轉變成角色本身承受的考驗。我沒辦法讓雙手停止顫抖，就像凱西醫生無法停止刷洗自己的手一樣。至於他的聲語型個客及反覆的動作，我可以從自己的經驗中找到某種版本的模式，而我較慢的步伐就用來表現他走進新環境時的遲疑。重點是他是什麼樣的人，而不是他有什麼問題。

更重要的是，不是我有什麼問題。

我開始以更寬廣的心態來思考我的未來有哪些可能性。突然間，我又開張了。我不再讓原因不明的疾病阻止我工作，而是爲我自己規畫了新的藍圖：設法成爲一個有殘疾的專業演員。我會攏絡這個病，讓帕金森氏症本身成爲演戲的一小部分，帶我的帕金森氏症進入家族事業。

在比爾・勞倫斯聯絡我之前，就有人詢問我是否有意願和時間工作，也有人邀請我去演其他客串的角色。當時我不想讓自己陷入失敗的境地，所以拒絕了。但在演出《醫院狂想曲》的那兩個星期中，我學到了很多。我領悟到我們全都有自己的包袱。每個角色心中都有一頭需要努力擊倒的熊，不論他們在哪裡、正在做什麼。身爲演員，我突然希望有更多的機會來對付那頭熊。

所以是的，我想得沒錯，我可以扮演任何角色，只要他們患有帕金森氏症。而我發現，**每個人都有帕金森氏症。**

歡迎來到波士頓

我是個擁有十億家產的實業家丹尼爾・波斯特，正在和由茱莉・鮑溫飾演的律師丹妮絲・鮑爾約會。我們談笑、調情，討論今晚進一步的可能性。這是一場引人興奮的戲，從這時開始氣氛只會不斷升溫。我們正在爲《波士頓法律風雲》拍攝夜間的外景戲，這是一齣精心製作的法律劇，充滿了大衛・E・凱利嘲諷的幽默感。茱莉・鮑溫這位演員的才華和大方讓我覺得很安心，不過也讓我保持警惕。

丹尼爾・波斯特的癌症已經到了第四期。**那頭熊從陰影中跑了出來**。丹尼爾的億萬財產對他而言毫無用處。編劇巧妙地撰寫了這個擁有財富卻注定沒有未來的男人的矛盾心態。他們還寫了幾場需要我與人親密接觸的戲。我提到這點只是因爲要演出這幾場戲尤其需要身體方面的自信。我可不想在摟住女主角的時候把她搖晃得像杯馬丁尼。

就我的工作而言，《波士頓法律風雲》是接續《醫院狂想曲》的理想作品。在拍攝工作完成後，我對那第一天晚上印象最深的是空氣中瀰漫著碳的味道，那氣味是從照亮人行道可移動的巨大強烈弧光燈散發出來的，聞起來有演藝界的味道。我在工作，我好愛這份工作。

這一切聯合起來讓我獲得了艾美獎的提名，眞是美好的驚喜，也是莫大的榮幸。

◇◇◇

接下來十多年的發展出乎意料但令人深感欣慰。我每天的行程非常忙碌，全心全意地投入米高・福克斯基金會的工作。我們能在這麼短的時間內完成這麼多工作令我大為驚奇。我們團隊在慈善研究領域成為一股強大的力量，組織迅速發展，滿足許多患者、家庭，以及我們資助的科學家的需求。在這段期間，我還寫了幾本書，莫名其妙地造就了我的第二事業。

每個演出邀請都讓我有機會扮演很有意思的角色。最酷的是：這些角色都很有個性。不知道為什麼，在《城市大贏家》到《波士頓法律風雲》之間，我成為了一名性格演員。對一位演員來說，我想不出比這更重要的工作了。我一直以來非常喜歡的配角演員包括愛德華・G・羅賓遜、莎瑪・瑞特、史托特・馬丁、傑克・沃登，以及我曾合作過的當代演員約翰・C・萊利。我最初搬到洛杉磯加入美國演員工會時改了藝名，向我喜愛的另一位性格演員麥可・J・波拉德致敬。

在波拉德和其他這些演員最棒的作品當中都一致有這樣的特色：易變和專業。少了承載故事情節的責任，他們可以盡情地探索獨特甚至極端的表演方式。

我並不懷念當主角的日子。我想到好萊塢的那條不證自明的眞理，說明矮小的演員和矮小的電影明星之間的差別：爲了在鏡頭前顯得高大，矮小的演員會站在箱子上，而矮小的電影明星則會讓其他人站在水溝裡。我已經發現了水溝裡單純的樂趣，在這裡虛榮心毫無價值。

湯米、丹尼斯、德懷特，與我

另一位與我大腦相連的老朋友是丹尼斯・利瑞，他是演員、作家兼製作人，是我生命中一張超級讚的萬能牌，也是我所認識數一數二富有創意、多產的作家。因此當他打電話來邀請我在他大受歡迎的影集《火線救援》中客串幾集時，我洗耳恭聽。

「福克斯，你一定要來參演我的戲。」

「繼續說吧，」我說。「演什麼角色？」

「德懷特。我前妻的男朋友，」丹尼斯說。「他是個瘋子，是個滿腔怨恨、憤怒、寂寞、嗑藥、酗酒、說話尖刻、性成癮的白痴。哦，還有……」他補充說，「他半身不遂。」

這資訊量太大了，一時沒辦法吸收。

「呃，丹尼斯，」我問，「這角色的哪一點讓你坐直身子，說我來打電話給米克・福克斯吧？先不說其他的，癱瘓我要怎麼演啊？你知道我沒辦法停止亂動吧？這個傢伙坐輪椅，而我是一個人形陀螺啊。」

「嗯，」丹尼斯說。「你會想出辦法的。」

我演出了五集《火線救援》。在我最喜歡的其中一個場景裡，德懷特與丹尼斯飾演的湯米撕破了臉。他們兩人在爭執，德懷特的輪椅折起來靠在牆上搆不著，結果他索性從長沙發撲到地板上，像突擊隊員一樣匍匐著爬向湯米，一邊大聲咒罵，逼得湯米不由地往後退。激烈爭吵過後，德懷特對自己說了個下流的笑話，然後苦笑一聲，從這片混亂中找到了樂子。後來兩人不知怎地達成了某種脆弱的和解，德懷特邀請湯米搭乘他那輛動力加大、敞篷的高性能肌肉車去兜風，車子的油門、煞車、離合器、排檔桿都是手控的。另一個頗重要的部分是：德懷特嗑藥嗑得很嗨，醉得一蹋糊塗，而且只要他莫名其妙地空出一隻手，就會拿起夾在駕駛座及儀表板之間的啤酒罐咕嘟咕嘟地喝，同時不斷地吹噓他和湯米前妻的性事。這趟兜風非常瘋狂，連劇組都嚇得半死。**艾力克斯・基頓，我們都快要不認識你了。**

這是我演藝生涯中非常喜歡的角色，這次我獲得了艾美獎。謝謝《火線救援》，謝謝丹尼斯。

針對個人

賴瑞・大衛有個點子，毫不意外地聽起來非常好笑、極為無禮，甚至可能會冒犯到人。我知道《人生如戲》的內容大多是即興表演，由編劇和製作人確定故事目標，再給演員提詞幫助他們推展主要劇情。因此賴瑞沒有寄劇本給我，而是向我推銷這個故事：

「我搬到紐約，」他說，「是為了擺脫在洛杉磯的慈善工作。有天晚上在餐廳裡，我看到了你，米高・福克斯，你跟幾個朋友正在喝酒。我比了個手勢向你打招呼，你卻把我甩開。」

「我把你甩開？我如何把你甩開？」我問。

「用你的頭。你甩頭的方式好像在批評我的樣子。」

「等等，你覺得我甩頭是在批評你？」

「對，你甩頭的方式好像在評斷我，我覺得受到冒犯。」

「你知道那是因爲帕金森氏症。」

「對，不過我覺得那是針對我個人。」

我忍不住大笑。「這個有趣。」

賴瑞繼續推銷這有史以來最荒唐可笑的情況。

「然後，有天晚上我在新公寓裡，我樓上的鄰居很煩人，一直跺腳走來走去，發出很大的聲響，因此我上樓去質問他，結果發現是你。現在我相信你一定是假裝有帕金森氏症，只是想要惹我生氣。我湊上前去，用『大白眼』瞪著你，就是我看不信任的人的那種眼神。」

我咯咯地笑。「我喜歡那個白眼。」

「所以你邀請我進去，想安撫我的情緒。我盯著你看。我知道我一定會抓到你的把柄。你請我喝飲料，然後從冰箱拿出一瓶健怡可樂。在走到餐桌的路上，你的手一直抖個不停，因此等我打開汽水時，汽水整個噴到我的臉上。從此我們的梁子就結得更深了。」

賴瑞提出的內容眞的是在挑戰極限。我想假如有人——尤其是帕金森氏症的患者和家屬——把我的坦率誤解成自我嘲弄的話，可能就完蛋了。不過我認爲這是一種解放。這麼多年來，我一直在隱藏自己的症狀，有時爲了讓動作維持不偏不倚甚至服用過量的藥物，現在我可以放手去做了。在賴瑞向我推銷之後，我不只想參加演出，還迫不及待地想看這齣戲。

絕妙旅程

我從浪花沖擊的岸邊跟著崔西在沙上留下的腳印，一直走到她身邊，她坐在毛巾上，正在擰乾頭髮裡的海水，在陽光下閃閃發亮。我一屁股坐在木製的帆布沙灘椅上，這玩意兒簡直像是刑具，我努力讓自己坐得舒服些。就在這時，一位女士走過來。我不認識她，以前不曾在這沙灘上見過她。

「福克斯先生？」她直視著我的眼睛說，認眞的態度與周遭環境似乎格格不入。

「我得向你坦白。」

這可不是你想從陌生人口中聽到的話。現在她也引起了崔西的注意。

「看到你和你太太走到水邊，我莫名地感到一陣強烈的反感、敵意、討厭。我不明白爲什麼。後來我恍然大悟，你就是路易斯・坎寧嘛，那個卑鄙小人。」

我哈哈大笑說：「哦，我感到非常榮幸。」

路易斯・坎寧確實令人印象深刻。這是我演藝生涯第二春的一大驚喜；這個在《傲骨賢妻》裡的客串角色最後在四季中出場了二十六集。編劇／製作人羅伯特與蜜雪兒

・金夫婦打電話給我，邀請我在影集第二季中參加短期的演出，飾演一位行動不便、坐輪椅的律師。由於才剛演完《火線救援》，我認爲再演類似的角色不是個好主意，因此我們想出了折衷辦法。

我們讓路易斯・坎寧患有遲發性運動障礙，那是一種與帕金森氏症有相同症狀的疾病，路易斯・坎寧是坎寧與邁爾斯事務所的權益合夥人及首席訴訟律師。路易斯的顫抖程度沒有帕金森氏症患者那麼嚴重，不過他的平衡和走路姿態、有時在說話方面也和帕金森氏症患者有類似的問題。這種牽涉到大肌肉運動、動作緩慢的肌肉運動失調症狀，對於身居要職的訴訟律師來說是一大缺陷。

幾星期後，我在布魯克林臨時攝影棚中搭建的法庭場景裡工作。在挑選陪審團的預審過程中，我的角色向一群可能成爲陪審員的人自我介紹。

路易斯

在我請教你們幾個問題之前，可能應該先向你們解釋一下，你們看到的動作，就是這個，你們或許已經注意到了吧？

有人偷笑，有人大笑。他在這排人前面走來走去，一一審視陪審員，看看有誰正眼看他、誰沒有。

路易斯（繼續說）

我得了遲發性運動障礙，這個奇怪的詞指的是神經系統症候群，會導致我做這些動作……

（拿自己開玩笑）

啊——啊——。

更多笑聲。

路易斯（繼續說）

你們只要盯著我看的時間夠長就會習慣的，來吧，看吧，我不介意。

路易斯繼續告訴陪審團，當他的症狀惡化時就得依靠藥物，他隨手從胸前口袋拿出一個小藥瓶，在可能的陪審員面前揮了揮。他即將代表一家製藥公司辯護，這家公司被指控製造添加有害成分的藥物。

和《火線救援》裡沉浸在痛苦中的德懷特不同，《傲骨賢妻》的編劇創造出的角色會無恥地利用自己的不幸，轉化成贏得同情和陪審團票的優勢。這帶給我的扭曲樂趣有兩個層面：我可以飾演一個把他生命中最嚴重的問題轉變成工作上最大優勢的傢伙。他爲了追求勝利，不惜利用自己的殘疾來博取同情和善意。第二個層面是：身有殘疾或能力不同的角色常會被人用同情的眼光看待，每次他們達成不算高的目標時，柔和的鋼琴音樂都會愈來愈大聲。但這個傢伙不同，他身體衰弱，但沒有鋼琴聲。

他是個討厭鬼。

大家很容易認爲路易斯・坎寧是個善於操縱別人的混蛋，不過他這人複雜多了。

他利用自己的缺陷來博得陪審員的同情和善意，這從表面上來看是不道德、不恰當的。不過我認爲他會這麼做還有別的原因。根據經驗，我知道人對任何動作不同的人都會產生反感。路易斯・坎寧藉由表現出友好、樂於交談的態度，成功地防止了那種反應。這影集的劇本寫得那麼好，路易斯這個角色構想得如此成功，就連帕金森氏症也不可能搞砸。

◇◇◇

我退出《城市大贏家》的其中一個原因是，我覺得我的臉不再像我需要的那麼富有表情。我向來喜歡當個讓剪輯師隨時把鏡頭切換過來反應都很恰當的演員，我的臉在鏡頭前總是富有生氣。不管有沒有說話，我的角色總是很生動、很投入。漸漸地，由於帕金森氏症的影響，我的臉開始變得被動、近乎呆板。我的表情木然，我很難讓臉部生動起來而不會顯得矯揉造作。

表演是我的工作，我需要找個新的方式來做。我不再專注在沒辦法彈得準確的音符上，轉而集中精力在新的樂器上。這個新樂器不用電，是靠原聲，不是電吉他，而是木吉他。最後，我發現「少即是多」的準則對我來說非常適當，因爲我擁有的較少，不過我後來發現「少」比我想像的還要多。

路易斯・坎寧教會我可以利用我木然的表情演出他難以捉摸、令人費解的表面形象。我的欠缺成爲他的風格；我的缺陷是他的優勢。

我在演藝生涯第二春演出的這一系列角色都有一些共同點：所有角色都是成就超乎預期的人（德懷特也不例外）；所有角色都充滿激情；所有角色都有一個和我自己相似的缺陷。每個角色都有弱點，以及因此受到傷害的地方。在這種悲情中加一點點幽默，我就完成了一天的工作。

請原諒我提到這件事，不過這些在退休後接演的戲讓我得到八次的艾美獎提名。事實上是九次：還有一次是與我的夥伴奈兒・佛坦貝瑞一起擔任製作人，以我們在中亞拍攝的紀錄片獲得提名，那趟旅程與我正在經歷的職業旅程一樣令人驚嘆。

第4章

高峰時刻

長途飛到法蘭克福又在德里轉機七小時後，我們在尼泊爾的加德滿都稍微停留，接送乘客。當飛機逐漸升高時，我內心的 iPod 響起了巴布・席格的〈加德滿都〉。驚人的美景令我著迷，景色很快就變得超級雄偉開闊。不丹皇家航空的機師顯然不受九一一事件過後美國聯邦航空總署的規定所約束，他們在最後一段旅程邀請我進入駕駛艙，和他們坐在一起。他們讓我坐到活動折椅上，繫好安全帶，繼續爬升到稀薄的藍色蒼穹中。我看著駕駛艙窗外壯麗的聖母峰，沉浸在安靜的遐想中，但機師想要聊聊電影和電視。在這段一小時的飛行裡，有馬蒂・麥佛萊在他們身後盯著他們，讓他們非常興奮。雖然我很樂意滿足東道主的願望，但我擔心我閒聊娛樂圈的事會讓這兩位二十多歲的飛行員分心。（我後來才明白，事實與我的年齡歧視完全背道而馳——他們可是專業飛行員，接受過專門訓練，取得降落在帕羅機場的資格，是屈指可數的菁英分子。）

飛越喜馬拉雅山就像為神照看房子……直到我們突然近距離撞見一堵巨大的白色死亡之牆：雄偉、陡峭、覆滿冰雪的喜馬拉雅山。一個緊急的九十度右轉彎捲起一陣冰晶的漩渦，然後我們就朝著短短的跑道急速俯衝下去，實在令人膽戰心驚。年輕的機師就像足球媽媽開著迷你廂型車穿過沃爾瑪超市停車場一樣的冷靜。降落的過程非常突然但十分順利，我們安全了。我們已經降落在神祕而不可思議的不丹王國，有人稱它為香格里拉。雖然不丹這個國家和他們的人民歡迎我們，但要當他們的客人必須越過重重障礙、擦撞過幾座山才行。嘿，假如很簡單，那大家就都跑來了。

那是二〇〇九年的春天，我的製作夥伴奈兒・佛坦貝瑞跟我還有一小隊紀錄片劇組人員飛到世界之巔拍攝網路電視臺的特別節目。奈兒和我從《城市大贏家》第一季開始合作，她才華洋溢、沉著冷靜，因此這計畫的挑戰並沒有嚇到她，也沒有澆熄她對這趟旅程的興致。奈兒和我們另一位執行製作人魯迪・貝德納的專業能力保證這份工作可以完成。我忠實的助理妮娜・君格里也是團隊的一員，她聰明、機警、直覺敏銳，在任何情況下都很可靠，而且身高五呎十吋，她眞的可以守護我。

這個計畫是搭配我的第二本書《永遠向上看》的紀錄片，因此採用書的副標題《一個無可救藥的樂觀主義者的冒險經歷》當節目名稱。我們構思這節目是要探究樂觀主義在我的生活中和其他地方發揮的力量。透過出於好奇而非利用科學方法的額外調查，我們把注意力聚焦在那些擁有樂觀世界觀、對其他人產生正面影響的人，包括每天早晨在上西區地鐵站發送報紙、歡快鼓勵大家的普通紐約人；寫出振奮人心歌詞的音樂家；不被失敗擊垮的運動明星；還有芝加哥小熊隊，在遭遇百年大旱無法拿到世界大賽冠軍的時期，他們的選手和忠實球迷在每個新賽季仍然持續抱著希望。

於是我們來到了不丹王國。從來沒聽過這個國家嗎？這麼說的人並不孤單。這個小國坐落在南亞喜馬拉雅山脈的東端，東部和南部與印度交界；北部與中國的西藏自治區接壤；西部隔著印度的錫金邦和尼泊爾毗鄰。農業、林業和旅遊業是不丹的經濟支柱，而主要的收入來源則是把水力發電的電力賣給印度。

有足夠的冒險精神、願意到不丹玩的遊客相對少，但那些來訪的遊客都很欣賞不丹人創作的手工藝品、編織品，以及宗教藝術品。每個遊客每天要付大約五百美元的費用，且一定要有政府指派的導遊陪同。不丹王國沒有鐵路。由於地勢險峻，從丘陵到崎嶇不平的高山都有，所以開闢道路和建立其他基礎設施都非常艱難昂貴。

他們肯定節省了建設機場跑道的費用。

如果你覺得你很快樂……

不丹的地形險惡，加上位居內陸，阻礙了他們與其他國家的貿易——但不丹反正也不以傳統方式看待貿易。雖然不丹確實有衡量 GNP（國民生產毛額），但對他們的人民、政府和國王來說，GNH（國民幸福指數）更重要。不丹是已知唯一用這個標準來衡量幸福的國家。這個概念的關鍵在於不丹的國會決心維護國家的傳統文化和特有風貌，避免破壞環境。因此，根據萊斯特大學所做的一項全球調查，不丹被評爲「亞洲最幸福國家」，也經常角逐「世界最幸福國家」的地位。一九九九年不丹政府解除對電視和網路的禁令，是世界上很晚才引進電視的倒數幾個國家之一。（這正是我離開《城市大贏家》的那一年，是巧合嗎？）在權衡與外隔絕和小心謹慎的發展時，國王選擇了帶領人民走向未來，他在宣布解除禁令的演講中說：「開放電視是不丹邁向現代化的重要一步，對本國的國民幸福指數也會有重大的貢獻。」我個人很少看到不丹的電視節目，只有在飯店房間裡看到一些美國有線電視新聞網國際臺的新聞。我想他們在這方面並不是毫無節制。

在這個臣民極爲忠誠、愛戴國王的王國裡，當吉格梅・辛格・旺楚克國王決定將傳統一人統治的君主制改爲憲政民主制時，人民罕見地表達了反對的意見。最後人民接受了，但表現得好像不丹仍然是個純粹的君主制國家。二〇〇六年，他和平慈愛地禪位給他的兒子吉格梅・凱薩爾・納姆耶爾・旺楚克，新國王雖然年紀輕，但還是獲得人民同樣的敬重。他登基時才二十五歲，成爲世界最年輕的在位君主，也是世界最新出現的民主政體的元首。我遇到的每個不丹男女幾乎都畢恭畢敬地稱呼他爲「吾王。」

◇◇◇

帕羅機場的海關入境審查人員就算「非常快樂」，我們也看不出來。他們沉默寡言、態度粗魯，辦事效率非常高。對他們的問題給出令他們滿意的答案後，我們獲准前往行李提領區，然後出機場到等在門口的車子處，我們的司機像廣告宣傳的一樣快樂。他們載我們離開帕羅市——這是整個國家最平坦的地區（因此機場設在這裡），順著一條沿著帕羅河谷彎彎曲曲的路線前往首都辛布市。如果沒有明確的目的，也沒有非凡的決心想要從甲地到乙地，這個國家的大多數地方還是很難到達。

第一眼看到時，帕羅地區給我的印象是荒蕪崎嶇的鄉村，但抵達辛布後，我們就發覺自己身在一個迷人的亞洲小城市。幾乎所有的市民都遵守一種衣著規範：女性穿著傳統的旗拉（kira），長裙上罩著一件叫做堤戈（tego）的時尚外套；男性則穿及膝的長袍，也就是幗（gho）。在公務場合，他們的服裝會加上不同顏色與樣式的圍巾裝飾，用來表示身分和從屬關係。

和不丹的人民一樣，辛布的每棟建築、每塊招牌都展現了這個國家的文化。在市區的主要十字路口，大家可能期望看到交通號誌燈，但這裡只有一位穿制服的員警，坐在裝飾得非常華麗的亭子裡指揮人車的流動。辛布是世界上唯一一個完全沒有紅綠燈的首都。

我們辦好入住手續，出乎意料的是，飯店裡所有現代化設施一應俱全，而且房間寬敞、餐點可口。我唯一的不滿是狗實在太多了，在飯店附近的街道上遊蕩，不停地狂吠。牠們是快樂地叫嗎？我不知道。

不管是誰把狗放出來的，最後還是讓牠們回去了。我們團隊裡的每個人都說晚上睡得很好，這點很重要，因爲我們接下來要拍攝一整天。首先，我們的目的是要了解不丹人在提到 GNH 時談論的是什麼。由於我們在不丹的中央政府所在地，因此我們獲得了難得的機會，進入令人印象深刻的國會建築群。爲了拍攝紀錄片，我訪問了達紹・卡瑪・塔斯蒂姆，也就是以前不丹規畫發展委員會的祕書長。這個政府機構最近重新命名，給予了塔斯蒂姆先生「國民幸福指數祕書長」的顯赫頭銜。國王利用這命名來敦促政府規畫人員在面對不丹的經濟挑戰時要應用 GNH 的原則。

塔斯蒂姆先生的職責是在這個長期與世隔絕的國家奔向現代化時設法提振大家的士氣。他說 GNH 的概念迫使他用更廣闊的視野去思考什麼東西會增加或減少一個人的幸福，以及這會如何影響國民的心情。「信任政府很重要，休閒時間很重要，爲了提升心理的幸福感，所有其他的領域也都很重要。」他指出：「一旦跨過某個門檻，金錢就沒辦法帶給你更多的幸福。我們主要關切的是，如果經濟盲目地成長，只依靠人民不斷增加的消費來支撐，那是沒辦法眞正長期持續下去的。我們在自己的小範圍裡努力想做的，是看看什麼樣的成長模式令人嚮往而且是可以長期持續的。」

同路夥伴

祕書長介紹我認識另一位政府部長，一位四十多歲的紳士，他被診斷出得了帕金森氏症。這不在正式採訪的行程內，而是在主走廊邊一個小房間裡臨時會談，旁邊沒有攝影機。這個文靜而深思熟慮的男人穿著優雅的幗，顯然愼重地考量過這個以病患對病患的身分與我交談的機會。他的症狀不是特別顯著，只有左手微微顫抖、說話和行動稍微緩慢，也就是所謂的動作遲緩，看來他的病到目前爲止的進展相當穩定。

我們談論了各自的國家在這方面的藥物和治療方法。他透露除了基本的左旋多巴以外，即使以他的地位，能夠取得的帕金森氏症藥物也很有限。然後，就像和其他帕金森氏症患者交談時一樣，談話內容變得比較輕鬆，我們開始互相交流彼此現實生活中的故事。他只向少數幾個值得信賴的人透露自己的情況，跟所有剛診斷出帕金森氏症的患者一樣擔心自己的未來。我自己剛得到帕金森氏症的頭幾年也生活在那樣惴惴不安而孤立的狀態中，而在地球遙遠的這一端，這位紳士也說出了同樣的體驗。疾病總有方法讓人跟人之間產生連結。

此外，我們還有一樣共同的毛病：高爾夫球。部長說，不丹尤其以他們那唯一的一座高爾夫球場爲傲，並慫恿我至少去那裡的高爾夫練習場看看。由於喜馬拉雅山海拔高、空氣稀薄，球能飛得特別遠。可惜我沒有時間，不然這一定會大大改善我的球技，就算長打沒有進步，推球也肯定會穩一點。

症狀減輕

自從我到達不丹後，就發生了一件意想不到的奇事：我的帕金森氏症症狀減輕到幾乎無法察覺的程度，不只其他人看不出來，我自己內心的陀螺儀也察覺不到，變得我必須提醒自己吃藥。因爲沒什麼必要，所以我服用的量比處方規定的少。出乎意料的是，我竟然花了整整一天才確認發生了什麼事。起先我沒有向別人透露我觀察到的情況，在和部長談話時，我選擇審愼行事。發生在我身上的事並沒有發生在他身上，這很耐人尋味。是因爲心情嗎？還是化學反應？是精神的關係嗎？還是只是一段寬限期？帕金森氏症患者是出了名的容易受到安慰劑效應的影響……如果眞是這樣的話，那再給我一顆糖丸吧，我覺得自己煥然一新。這有可能是因爲對海拔高度的反應嗎？（我們在海拔七千六百英呎以上），還是高山症藥物和我自己的藥物交互作用的結果？或者只是一種非常明顯的滿足、輕鬆自在、禪定的幸福感覺？

雖然我不是佛教徒，也不是任何正統信仰的信徒，但在不丹期間，我很樂意恭恭敬敬地遵守一些佛教徒的習俗和規矩，例如轉經輪，以及在參觀寺廟佛殿時靜靜地冥想。一般人會以爲遵守這些不熟悉的規範會顯得尷尬敷衍，但事實上並不會這樣。我的舉止只是認淸自己是在一個截然不同的地方，經歷了獨特的體驗，很可能從分子的層次都徹底改變了。

在這樣一段不尋常的時期，我簡直不敢相信我的感覺竟然那麼「尋常」。我的症狀（包括顫抖、動作遲緩和帕金森式步態）全都減輕了，這眞是個謎。在美國的時候，我的這些症狀在正常情況下並不會突然出現。我會感覺很好，等藥效逐漸消失後，開始有一連串微微的抽搐、疼痛，及顫抖，這些身體跡象都是在提醒我應該再吃藥了。如果忽視這些跡象，我就得承擔後果，等症狀出現，就會懲罰我的漫不經心。但在高山王國卻不是這樣，我收到的溫和警告似乎從來沒有完全發展成嚴重的症狀。我沒有高興得跳上跳下，只是心懷感激地接受這個事實。我敷衍了事地服藥，只是爲了避免身體因爲缺乏藥物產生負面的反應，不過似乎根本沒有這個必要。

患了帕金森氏症就是處在不斷變化的狀態中；進進出出、開開關關。對藥物的每種反應在藥效消失時都會遇到相等、相反的反應，因此感覺好像不斷努力地用腳踩住貓的尾巴，一直到腳趾開始輕輕拍打，於是貓掙脫了，又不得不重新再去追捕貓。但在不丹沒有這種感覺，沒有這樣的「開」和「關」。

來自普納卡的明信片

隔天一大清早我們離開辛布，周圍山丘的低處籠罩著一層薄霧，無所不在的狗群一邊狂吠一邊尾隨在我們的車子後面，跟了好一會兒。從首都辛布到普納卡山谷的一天行程中，我們會跨越三個溫帶地區。我們在泥濘的之字形道路上艱難地前進，道路非常狹窄，商用卡車行駛在上面，只差幾吋溼滑的紅土就會翻落三百英呎深的谷底。我記得獨白表演者史伯丁・葛瑞根據他在印尼的經歷所提出的忠告：**絕對不要在相信輪迴的國家開車。**

我們把辛布涼爽的高地留在身後，沿著國道在松樹和鐵杉林中爬行。這條國道越過位在海拔一萬零三百英呎處的都楚拉隘口，然後急速下降到植被茂盛、肥沃的普納卡山谷。映入眼簾的景色美得簡直不可思議，令我大爲驚嘆。每次轉頭都會看到新的畫面，像一抹水彩潑灑在羊皮紙上那樣的簡單，又像孔雀尾羽上的圖案那樣的複雜。出現在這樣的美景當中的不是孔雀而是鶴，牠們排成鬆散的隊形在翻滾的河面上低空飛行，一個農人趕著一隊騎乘小馬過河。這片景色彷彿是爲了讓大師畫下來而存在的。

不過等一下，更精采的還在後面。在一片低平的草地上，有兩組穿著傳統服裝的弓箭手，相隔一百碼左右。他們同時射出一排箭，箭矢呈高高的拋物線飛出，飛到頂點後再像火箭一樣迅速朝靶子落下。爲了給雙方的競爭增加一些戲劇效果，防守隊伍裡總有一、兩名隊員好像就正好站在飛來的箭矢路徑上，他們動作敏捷地閃開，然後命令弓箭手還擊。笑聲和普納卡人故意激怒對方的話語聲在整座蒼鬱的山谷中迴盪。這場景對我來說既充滿異國風情，又像從前《體育大世界》的節目那樣的熟悉。

河谷的大多數地方都是稻田，遠處偶爾有一間屋子和附屬建築物俯瞰著整片梯田。寶塔與高山小木屋合併在一起的景象十分奇特卻非常吸引人，這些建築雖然質樸但是蓋得很好。有一點必須報告的是，幾乎家家戶戶都醒目地裝飾著比實物大的陽具畫，有時還不止一幅。一簇三個像花朵一樣地排列，創造出一種陽具花束。不丹人似乎一致認爲陽具可以帶來好運。沒有人能肯定地告訴我們這些陰莖畫像是從什麼時候開始成爲不丹生活的一部分，不過有陽具裝飾的最古老建築是一座十五世紀的寺院。到了今日，住家和商店都裝飾著這樣的繪畫，甚至連一些學校和餐廳也有。

我們受邀進入其中一戶人家，奈兒、劇組人員和我進入大得出奇、鑲著木板的舒適正屋，柴火爐周圍的地板上擺了一些坐墊。農人和他的妻小爲我們提供了傳統的午餐——起司辣椒配紅米飯，我們大家圍坐在矮桌旁享用。我們之間的語言鴻溝又深又廣，但靠著導遊翻譯，我們成功地分享了彼此的想法、觀點，甚至幽默。和不丹大多數農人一樣，他們表示對自己的勞動非常滿意，且爲自己種出的成果感到自豪。

除了主人家裡一張張被太陽曬得暖烘烘的漂亮臉龐外，我對那餐最美好的記憶是女性大家長拿給我喝的溫熱羊奶的甜味。

向主人告別、並送了他們檳榔葉和啤酒等禮物後，我走了一小段路到稻田去。我一面睜大眼睛留意是否有眼鏡蛇，一面在田埂上跳著走。我到不丹已經三天了，同行的旅伴可能已經注意到我走路時出現這種新的步伐，但我不打算談起這件事。我覺得好像一旦提了，它就會消失。**向前走吧，米克，這裡沒什麼可看的。**我已經感覺到這只是暫時的，因爲我沒有痊癒，但我還是滿懷感激。「跳下輪椅扔掉拐杖，高喊這是奇蹟！」的時刻沒有出現。並不是像那樣，而是原本短暫的寬限期似乎延長到好幾天。

第二天早上，我們匆忙趕到下一個地點，我在那裡要靜坐好幾個小時（這在正常情況下是不可能的壯舉），在僧侶和數千名不丹人之間盤腿而坐（這更不可能）。我們要參加普納卡慶典，這是在波曲河跟莫曲河交匯處舉行的宗教文化聚會。我們的導遊才旺陪我走到漩渦的中心。斑斕的色彩和服裝、香火與喧天的聲響，都在雄偉的普納卡宗的庭院裡展開。普納卡宗是一座龐大的石砌城堡，以前曾經是不丹的行政首都。群眾騰出空間給戰士，他們在我們中間跳舞，重現四百年前不丹人戰勝西藏人的情景。鼓手猛烈敲打著鼓，舞者搖擺身軀迂迴穿梭，慶典的喧鬧和鏗鏘聲融入耳朵，好像耳鳴的嗡嗡聲一樣。一名年輕的僧侶穿著深紅色的袈裟，給了我一片庭院裡的菩提樹的落葉。他合起雙掌，閉上眼睛，微微地點頭致意。過這樣的生活會是什麼感覺呢？

山高水遠的巢穴

我們最後一整天是回到帕羅拍攝。我們計畫去參觀虎穴寺，一座十七世紀的佛教寺院，攀附在上帕羅山谷的懸崖邊上。我們團裡的大多數人都不會走到那座神聖的寺廟，但我們還是會艱難地徒步到塔克桑自助餐廳，那是一間位在中間點的茶館。基於我的健康問題，加上山路崎嶇、來回需要六個小時，所以我們在紐約開前期製作會議時，大家都理所當然地認爲我不會參與這部分的拍攝工作，等事後再爲劇組人員拍攝的影片配上旁白。所以我在健行前一天晚上宣布要參加時，他們既驚訝也有些擔憂。我告訴魯迪和奈兒我只會跟他們一起走到茶館——但這還是不同於在公園裡散步。

我們的車輛霸占了山路底部的停車場，放製作人、劇組人員、不丹導遊、妮娜和我下了車。我們走上山徑，這條小路彎彎曲曲、寬度大概只容許小推車通過，而且非常陡峭難走。我們遇到一個不丹小女孩，年紀大概八、九歲，在兜售小飾品和檳榔葉。我的導遊才旺向她表示我們現在沒辦法停下來買東西。她微微笑著讓我們通過，然後走她自己的祕密路線，蹦蹦跳跳地跑到前頭，在路旁等待我們繞過下一個轉彎處，再向我們推銷一次。我驚訝地發現是同一個女孩，對她的積極主動留下深刻印象，因此向她買了一個小木盒來裝我的菩提葉。她後來又出現在三個轉彎處，只是爲了說聲謝謝。

我們到達茶館後，大口大口地吸氣，目瞪口呆地看著壯麗的景色。我們利用這迷人的背景拍了一些輔助畫面，還安排了幾段簡短的訪問。

魯迪把攝影機對準我，拋出幾個簡單的問題：「所以你覺得怎麼樣？這些是世界上最幸福的人嗎？」

我回答：「他們並沒有聲稱自己是世界上最幸福的人。毫無疑問地，不丹人非常友善、可愛，而且沒錯，他們快樂又熱情。不過他們的主張從來不是宣稱自己是世界上最幸福的人，而是他們找到了衡量及培養幸福的方法。國民幸福指數不僅僅是一項愚蠢的政府政策，原因是他們的民眾認眞地配合參與這些讓生活更加豐富的計畫，而不是只從經濟的角度來考量。」

「那你呢？」魯迪問。「你自己的狀況怎麼樣？」我帶著笑容說出了自從來到這個國家後我的帕金森氏症症狀緩解的情況。我沒有辦法解釋也不需要解釋，因爲我穩定、不再抽搐的身體狀況說明了一切。就心境方面來說，我說我覺得非常感激。我沒有辦法完全理解自己現在體驗到的煥然一新和健康的感覺，只是欣然地接受、盡情地享受罷了。

我回頭看了一下虎穴寺，當下決定今天要盡我所能，看能爬多高就爬多高。

我們一口氣喝光剩下的茶，再多裝一點水。我把皮夾裡的菩提葉改放到小木盒裡，交給妮娜保管。通常我會把它擺在身邊祈求好運，不過我覺得自己運氣已經夠好了。

走過一段艱難崎嶇的路後，我們終於可以更近距離看到虎穴寺。雖然還有很長一段路要走，不過這裡的景色比茶館看出去的更迷人。那座寺廟彷彿完全靠意志力融入嶙峋的懸崖峭壁中，寶塔狀的白色建築聳立在連續不斷的紅色屋頂上，讓人聯想到一層層的結婚蛋糕。數千條經幡在微風中飛舞。他們相信蓮花生大士在八世紀時騎著飛天雌虎來到此地，在洞穴裡打坐了三年，出來後把佛教傳到不丹。要是那頭雌虎現身的話，我很樂意讓牠載我一程，因爲我不知道還能走多遠。

我很滿意自己努力的成果，告訴才旺我走到這裡已經夠了。說完，我朝掌心吐了一口口水，緊緊抓住登山杖，往回走到茶館，比爬上去的時間少了一半。現在走到山路轉彎處時，我發覺自己的步伐很難保持緩慢平穩。斜坡上鬆落的碎石和我靴子底下的小石子讓我走得比預想的還快。諷刺的是，這和帕金森氏症的一種毛病很像，那個症狀叫做「急促步」，照字面意思就是「快速行動或走動」。這是指我們腳步加快的速度超過身體能夠維持的速度：我們的步幅縮短，兩腳併攏，腳尖踮起來，身體開始往前傾。

我突然發覺我即將重重地摔個狗吃屎。我當機立斷：把身體朝旁邊一甩，藉此減低往前摔和往下摔的速度。這麼一來，我抄了三十英呎的近路，穿過灌木叢，衝到了下一個轉彎處。這個意外讓我在喜馬拉雅山路上皮肉嚴重擦傷，付出慘痛的代價。但至少我沒有害死任何一位年輕的不丹企業家。

我這個特技演員內心懊惱的是我們的拍攝小組還在往虎穴寺爬，其他人則在山路起點等待。沒有人在場拍下我英勇單肩著地的前滾翻。奈兒跟妮娜和我勇敢的導遊在一起，是第一批到達現場的人。他們發現我出事嚇得半死，直到看見我沒事才覺得好笑。才旺神奇地從他的幗裡面拿出急救包，用酒精消毒我的傷口。他擦拭流血的擦傷，挑出嵌入我手掌中的石礫。才旺看起來很擔心，不是擔心我就是擔心他自己的飯碗不保。我寧可認爲他是擔心我。我注意到我的左手有根手指似乎有點歪歪的，但不會痛。

我的彩色世界

那天晚上是我們在不丹的最後一晚，我們和導遊及劇組人員在帕羅的飯店共進晚餐。那天恰好也是奈兒的生日，我們準備了禮物送給她，也有送禮給導遊跟官員。我很喜歡熱烈的氣氛，但我愈來愈擔心我的手指，尤其它現在已經腫起來，顏色也變了。

睡了不安穩的一覺之後，我醒來腦中閃過殘餘的夢境。在夢中，一頭大象踩在我的手上，痛得要命。等我清醒過來，發現房間裡沒有大象，但劇烈的疼痛還是在。我的結婚戒指是問題的來源。（我會小心選擇說這話的對象）。婚戒阻礙了血液流到我那受傷的手指，而且拔不下來。我安慰自己腫脹最後會消下去，戒指就可以滑出來了。我起床收拾行李。早上十點左右，我們把所有的裝備都裝上車，前往下一個位在印度的拍攝地點。

第一段飛行期間，艙壓對我非常不利。我的手指痛得讓我想尖叫，因此我默默地學孕婦用拉梅茲呼吸法呼吸。我把額頭貼在玻璃上看著飛機窗外，幻想自己跳傘到某一座喜馬拉雅山脈的山峰，把手埋進雪裡。我另一隻手的手指也傳來了訊息：該吃帕金森氏症的藥了。自從抵達不丹以後，我從來沒收到這麼強烈或突然的信號。

「你不離遠一點，我怎麼會想念你呢？」我低聲地抱怨。

我們在加德滿都停留一下，接了更多的乘客，立刻啟程飛往德里。一位衣著講究的尼泊爾紳士在我隔壁靠走道的位子坐了下來，他向我禮貌地點點頭。接著他皺起眉頭，低頭看了我的手一眼，然後他抬起頭來看著我的眼睛說：「請原諒我的無禮，我不由自主地注意到你的手指。」

「這個啊，」我說，「我摔跤時弄傷的。」

「那是多久以前的事？」他問。

「昨天下午，在虎穴寺。」

「我是醫生，」他告訴我。「我可以檢查一下你的手嗎？」

我沒有更好的提議。「當然，」我說。他握住我的手，輕輕地戳了一下那根無名指。

我痛得齜牙咧嘴。

「如果你不盡快摘下戒指，你的手指就會跟著一起脫落。」我緊張地輕笑一聲。**他是開玩笑的吧？**但他的反應很認真。「你一到德里就得直接去醫院。我會請機師提前通知。」

◇◇◇

我們在德里降落。那位醫生和奈兒、妮娜、魯迪商討要去哪家醫院、怎麼去，以及到達醫院後可能會遇到的情況。他還警告我們交通會嚴重堵塞，甚至比平常更像是一場生死攸關的惡夢。他提醒我們今天是好麗色彩節，這是印度教教徒慶祝春天來臨的節日。

我們獲准插隊匆忙通過海關。劇組人員留下來領取行李，我們則趕往醫院。我們走到機場入境大廳門外，希望能看到我們的車和司機。我第一眼看到德里的印象讓我不由地停下腳步。所有人都在按喇叭、大吼大叫：震耳欲聾的轟鳴聲和嘰嘰喳喳的聲音隔著霧霾聽起來好像有上百萬人。與喜馬拉雅山純淨的空氣不同，這裡的空污嚴重到連呼吸都困難，感覺好像我們其實吸進的是固體，呼出時變成噴濺的飛沫。能見度更是低到令人震驚。

司機在車陣當中舉著「福克斯」的牌子。我們打手勢叫他待在原地，我們走過去他那邊。車子上灑滿了各種粉彩，司機則像個人形彩虹。醫生警告我們今天的德里非比尋常指的就是這個（而我們已經準備好接受德里沒有一天是尋常的日子）。在慶典第二天的灑紅節，習俗是抓起滿手色彩鮮豔、帶有黏性的彩粉，扔向射程內任何一個人的臉部、身體，和衣服上。我們開車到醫院的途中，一團團彩色粉末在擋風玻璃上炸開：藍色代表愛神奎師那神；綠色代表重生及新的開始；紅色代表婚姻和生育；黃色是薑黃的顏色，顯然是代表陽光快樂。這是一場自由放任的混戰，沒有人可以倖免。不分種姓、性別、年齡，人人都參與，他們經常把顏料裝進玩具水槍和水球裡，每個人都有一點瘋狂。

從濺滿顏料的窗戶看出去的德里超乎我的想像，也不大能夠理解。上星期去不丹的途中，我們在德里轉機時並沒有離開機場，事實上我們根本沒有走出候機室。所以這是我在印度的第一次體驗。當我看著一大片熙熙攘攘的人、牛、車輛，我回想起辛布和穿著華麗服裝的市民，他們耐心地等候亭子裡的員警揮手示意他們過馬路。很明顯，我們如今在一個截然不同的國家。

儘管我非常好奇，但我手指的疼痛一點都沒有減輕。車窗緊緊關上，讓我們可以遠離混亂、維持原來的膚色，不過在攝氏三十七、八度的高溫下，我們熱得汗流浹背。即使流了那麼多汗，戒指還是沒有鬆脫。我不知道醫院的狀況，但我的醫師朋友在飛機上告訴我的話讓我感到安心：「你會得到妥善的照顧。德里的人均醫師人數比美國還多。」

最後，我們終於抵達了醫院。奈兒付錢給司機時，我摸索口袋找尋藥瓶，這個時候手抖非常厲害。症狀開始漸漸出現，但我希望能夠鎮定下來應付裡面即將發生的任何狀況。

印度藍

急診室和旁邊的接待區擠滿了人，但想到門外激烈的色彩大戰，這裡比我預期的要井然有序。一名實習醫生帶我到一間目前有人在裡面的檢查室外頭的走廊上。短短幾步外，有個藍色的男人似乎因爲呼吸困難正在接受治療。他不是因爲生病而發青，而是因爲皮膚和衣服上噴濺的顏料。男人的家人憂心忡忡地圍在他身旁，同時跟他說話，每個人身上都是引人注目的綠色、紅色、黃色。我好奇他是什麼問題？氣喘嗎？還是心臟病發作？比較與對等：誰的問題比較嚴重？假如是氣喘，那麼和手指截肢交換大概是公平的交易。我的藍色朋友會願意跟我交換嗎？如果他知道除了失去手指之外，還要附帶二十年來逐漸惡化的帕金森氏症，那他一定不願意。從我這一方來說，如果是心臟病發作，那就不用了，謝謝。我想到了一句格言：「如果大家都把自己最嚴重的問題放進圈圈裡，然後重新拿一個出來，我們都會收回自己的問題。」我希望他不是心臟病發作，我也非常希望我的手指可以不被剁掉。

我們進入隔壁可用的檢查室，裡面的設備和任何一家西方的醫院都一樣。醫生初步檢查了我的手。情況不妙，顯然已經發展到難以處理的地步。我的手指現在已經腫得非常厲害，顏色也整個變了，乍看之下很難看到戒指，戒指幾乎完全被腫脹的組織團團圍住。要怎麼切斷戒指才不會切掉我一部分的手指？現在我忽然想起我有多愛彈吉他。

醫生問了我一些基本的問題，了解發生了什麼事，然後輕聲宣布：「我們必須摘下戒指，否則你的手指就不保了。」

「嗯，我聽說了。」

其他的醫院工作人員一一出現。每個人似乎都在努力想解決辦法。

這件事成爲急診室的熱門話題，這個大難題迅速傳遍了整間醫院。接下來從醫師到維修工人，各色各樣的工作人員好像基斯頓警察一樣輪番上場，每個都提出一種不同的方法，有的非常奇特，但是全都行不通。鋸弓、剪線鉗、鐵皮剪、一種形似迷你斷頭臺令人不安的裝置、凡士林、酥油，和其他潤滑劑全都用過，但都徒勞無功。我眞希望自己能貢獻些什麼，可是這問題太難，搞得我頭都痛了。嗯，還沒斷就是了。

最後奏效的是一種銼刀類的工具。一位醫生拿著一小捲金屬線走進來，她提議把金屬線伸到我的手指和戒指之間，然後把線拉過去直到兩邊距離一樣長，再抓住兩端，像使用牙線那樣來回拉扯。

「哇，」我說。「你要用線鋸掉我的手指。」

她解釋說這個原理是往上對金屬施加壓力，直到磨出一條小凹槽，這時就可改使用稍微大一點、粗一點的金屬線。她開始工作，最後創造出足夠的空間給合適的切割工具完成任務。在所有努力讓我獲得自由的嘗試都失敗後，這招成功了。婚戒取下來後，我立刻感到如釋重負。醫生向我保證骨頭沒有折斷，只是韌帶撕裂了。這枚戒指已經報廢了，不過我小心翼翼地收集碎片，放進口袋，打算在不久的將來要把它重新焊接起來。

我們向所有人道謝之後，醫師問我可不可以跟他們拍張合照。我很開心地炫耀我那經過精心包紮的左手以及上了夾板的手指。我們走到外面停車場炎熱刺眼的陽光下。第二次，我重新認識了印度，我很高興我們會在德里待上幾天。

小組解散之前，我忍不住問實習醫生：「順便問一下，那個藍色的先生怎麼了？」

他很困惑。「藍色的先生？」

我說：「呃，跟我差不多同時進醫院的？身上有藍色顏料的那位？我想他可能是氣喘，或是過敏。」

「哦，那個人啊，」他回答。「那人是心臟病發作。」

「他還好嗎？」

他搖搖頭。「他死了。」

我想到幫他擦洗掉顏料的家人。這裡跟我的家鄉差不多，會有喪禮和弔唁，但舉行的儀式又像印度本身一樣和我家鄉的截然不同。兩邊沒有什麼好比的。

一星期的禪——沒有得到預期的效果。

第5章

雙柏忌

為什麼是我？為什麼會發生這種事？我有妻子兒女，有我熱愛的生活。那為什麼我要接受高爾夫的折磨？

四十多歲才開始打高爾夫球是野心過大；得了帕金森氏症還打高爾夫球是癡心妄想。不過，我就是這麼做了。起初鼓舞我的精神、激起我的熱情的是這個單純的想法：在我四十五歲左右時，我的體能下滑，雖然不是急遽下降，卻也是不容爭辯。有些事情我還是可以做得很好，但已不像從前那麼好。高爾夫成了一個例外。每次我打高爾夫球的時候，都表現得比上一次稍微好一點。就別管我的表現是以差勁程度的不同來分級而已了。

把我拉進高爾夫世界的人是艾德・李維，他也是帕金森氏症患者，也是米高・福克斯基金會董事會幕後掌權的人。在機構成立初期，我們為了籌募研究資金想了各式各樣的方法，艾德和他的幾位華爾街朋友提議每年舉辦一次高爾夫球錦標賽來籌款。我抱著懷疑的態度，因為我對高爾夫不是太感興趣，根本沒有打過，總是覺得等我死了以後有大把的時間再來打高爾夫。「我們真的要舉辦高爾夫球賽嗎？」我問。答案是肯定的。那次的活動非常成功。

第一年我沒能參加比賽，但第二年比賽快要到的時候，艾德問我願不願意當他的桿弟。他年紀比我大，病情也比我嚴重，當時我的身體比現在強壯很多，因此我答應了，但有個條件：我不要拖著艾德的球桿到處跑，我會把球桿扔到球車後面，自願負責駕車。我玩得非常開心，隔年我就決定打球了。

艾德是第一位指導我打高爾夫球的人。另外還有很多人也都指導過我，這群性格迥異的笨蛋拖著我到世界各地耀眼的綠色球場，從市立的到宏偉壯觀的球場都有。其中一位是我的鄰居泰迪，他家在長島市和我家只隔了五間房子，其他還有幾位經驗豐富的球友，包括喬治・史蒂芬諾普洛斯、哈蘭・科本、吉米・法倫，和比爾・莫瑞。他們不像爸爸（你不會想讓爸爸失望），反而比較像你最喜歡的叔叔——採取放任的態度順其自然，會在你十七歲時偷塞一罐啤酒給你的那種。這些叔叔忽略患帕金森氏症的我打高爾夫球會遇到的障礙，採納了高爾夫球對每個人來說都是活受罪的說法。大家都感受到那種痛苦。打球的樂趣不在於戰勝或擊敗，而是想辦法撐過整場，到第十九洞時結算賭注。

就像殺戮戰場上的每個羅馬格鬥士一樣，這些叔叔真正在乎的只有他們自己的比賽，對別人的或我的毫不在意。只要球賽繼續進行，一切都好得不得了。高爾夫球打得好的球友不介意別人打得差勁，但他們不能忍受打得太慢。他們一心一意想要在首發開球員開始以後的規定時間內完成一輪比賽。以我的情況來說，在叔叔推球進洞的時候，如果我還在球道沙坑裡，離果嶺還有四、五桿，那我就撿起球放進口袋，直接走到下一個發球區。反正我也不計分，叔叔們同意我這麼做。

打從一開始，每個注意到的人都看得出來我並不喜歡打高爾夫球。我的好朋友凱姆・尼利是高爾夫叔叔的創始成員，也是國家冰球聯盟名人堂的一員（冰上曲棍球球員往往也是出了名的高爾夫球好手），在我們第一次一起打完九洞後，他對我打球的方式做了這樣的總結：「米克，你的問題是在，」——他停頓了一下——「LOFT。」

「我的擊球高度怎麼可能會有問題？」我問。「我幾乎沒有辦法讓球離開地面啊。」

「不，」他說。「我說的是L-O-F-T，Lack Of Fucking Talent（他媽的沒有天賦）。」

像我這樣打得異常糟糕的人，朋友、陌生人，還有相關的球場管理員很快就會煩人地提供有用的建議。我最最喜歡的建議是：「在球上要保持靜止不動。」**在球上要靜止不動？**我還希望我在湯碗上能夠保持靜止不動咧！阿諾・帕瑪曾經寫過（沒錯，就是那麼慘，我真的在讀高爾夫的書）：「把你的兩腳和頭想成是一個固定三角形的三個頂點。」小諾，謝了。我一定會在包包裡放一把量角器和一把尺，跟防蚊液和防曬乳放在一起。哦，還要謝謝你發明了那款清涼的飲料。

撇開發球臺三角學不談，小諾大概是很多新手最初的高爾夫叔叔。老虎・伍茲就沒那麼平易近人了，並不以分享自己的高爾夫學問著稱，不過他的確時常保證星期天在美國名人賽上會拿出最棒的表現，不像我只能威脅說要耍點花招。

崔西對這一切既覺得有趣又感到困惑。雖然她很高興我有了新的消遣，雖然這活動帶給我這麼多的樂趣、讓我願意走出家門活動一下，但當我談到那群高爾夫叔叔的態度開朗友善、非常歡迎我加入他們時，她的反應卻很特別。「米克，聽著，他們就像毒販一樣，只不過他們販的毒是高爾夫。他們讓你上鉤、誘惑你進去。親愛的，我很高興你喜歡打球，也很高興你交了那麼多朋友，不過我只是想……開個玩笑。」

早餐球

天才剛亮，我朋友泰迪就從街區另一頭來接我，開著他那輛噪音很大聲的一九七〇年的別克雲雀。我那愚蠢的半掌襪在哪裡？我那件好穿的短褲在哪裡？三年前的夏天買的那些現在已經太小了。我在昏暗的光線下踮著腳尖走路，盡可能不吵醒崔西。星期天的早上，我太太應該靜靜睡個懶覺，所以我儘量在前一晚把東西準備好。但我老是丟三落四。如果我弄出太多聲響，那純粹是因爲我現在幹勁十足，我要去打高爾夫球了！

我檢查一下清單：藥物、防曬乳、太陽眼鏡、額外的球座、襯衫、短褲、皮帶、鞋子，和一雙到腳踝的運動襪。坐下來要穿襪子時，我懊惱地發現耐吉決定要給襪子標上「左」、「右」。問題是，我拿了兩隻左腳的襪子！我感到有點不安，兩隻左腳的襪子感覺好像會帶來霉運，表示我會笨手笨腳的嗎？我聽到爸爸的聲音說：「兒子啊，你放襪子的抽屜裡肯定有兩隻右腳的襪子。」如果要更換的話表示要再進去臥室，這回絕對會吵醒崔西。我自己六點十五分起床，不代表她也得早起。或者說她曾經這麼說過。算了，管它去死，我就穿兩隻左腳的襪子去吧。雖然不滿意，但也沒辦法了。

我們的開球時間是七點半。沒多久，我就帶著球桿坐在門廊上，等待泰迪開著敞篷車過來。他到了，半小時後我們就和四人組的另外兩人站在第一個發球區。這是一天中我最喜歡的時刻：草地上還沾滿露珠，鳥兒高聲歌唱。我從袋中拿出我幸運的開球木桿帶頭擊球，這是一整天裡我最後一次打頭陣。這是所謂的「榮譽制度」，前一洞的贏家將獲得在下一洞開球的殊榮。我從來沒有那種榮幸。

我的藥效還沒有完全發揮，因此我試了十五次才把球穩穩地放在球座上。我的同伴已經習慣了，我沒有請他們協助，他們也沒有主動幫忙。我把球擺好，球晃了晃，然後滾下來。我一遍又一遍地重擺，都是同樣的結果，我開玩笑說這是職能治療。等我終於把球固定在球座上後，我默默地在心中鼓勵自己。**你的時刻來了，你知道該怎麼做。**

我在腦海中複習了一遍揮桿的方法：

兩腳穩穩地踩在地上。

左腳尖微微朝前。

放鬆膝蓋。

找到身體的重心。

抬起下巴。

上桿到頂點時停頓一下。

收桿時低頭往下看。

兩隻左腳的襪子……

糟了！球往右斜飛進停車場。「看球！」謝天謝地，我沒有聽到尖叫或砸破玻璃的聲音——雖然我事後發現我差點打中了菲利浦斯博士，他是俱樂部裡的大人物，我最近才剛說服他讓我加入會員。

我伸進口袋拿出一顆「早餐球」，這是傳統在第一球失敗時可以再次重新發球的做法。這回我把襪子趕出腦海，忘記自己的揮桿方法。我只想著球桿擊球的瞬間，就像曲棍球球桿擊中冰球那樣。重點在碰到，不要想太多。我向後揮桿，在上桿頂點稍微停頓，然後用足夠的力道揮動桿頭，讓球飛出一百八十碼，直奔球道，離果嶺只有一個劈起桿的距離。我轉身面向朋友。「我曉得，我曉得。隨便哪個笨蛋第二球都可以打出這樣的成績。」

我每次打球要不是表現最好就是最糟，今天兩種情況都有。打到十八洞時，時鐘告訴我們，我們比預定時間提前了十分鐘。每個人都很滿意，可以在俱樂部會所抬頭挺胸，只有我例外。我心裡在想：**好了，就到這裡吧，這是我最後一次打高爾夫球了。我幹嘛浪費大家的時間？**但那顆早餐球讓我很有可能打出博蒂，低於標準桿一桿的成績（只是我後續又推了四桿）。不過，還是有機會再進步。

高爾夫會頌揚每個人的弱點，讓人爲自己居然敢冒失地拿起球桿感到羞愧。可是，如果我接到電話、簡訊，或電子郵件，說有三個夥伴在找尋第四個，我就會拋下一切。一場十八洞的比賽只要有一洞打得很好，比方說成功打出博蒂、平標準桿，或甚至純正的柏忌，就能誘惑我回來自虐地再打一場。其他十七洞打得再慘的記憶都會神奇地消失。

馬克．吐溫有句名言，說高爾夫運動是「糟蹋了好好的一場散步。」對我來說，比較像是一場好好的拖著腳步——跌跌撞撞——東倒西歪的走路。由於平衡出問題，我很容易跌倒，是少數在推桿時有可能受傷的人之一。高爾夫激起了我克服萬難的決心，就和我在應付帕金森氏症時所仰賴的決心一樣。我可以輕易畫出文式圖來研究高爾夫和帕金森氏症患者的生活之間的關係：這兩者在傲慢與謙虛、妄想和欲望、徒勞及韌性方面互相重疊。我只要應付眼前的問題就好。有時候我會困在沙坑、長草區，或者水障礙區，卻還是繼續打下去。如果打算做什麼就去做，只是不要花上太多桿。

在高爾夫球場經常被問到的問題是：「你的差點是多少？」我的回答是：「這不是很明顯的事嗎？」我同時是個病患也是高爾夫球友，而且是個沒有耐心的高爾夫球友，運動和殘疾在我的經驗中交會並且混合在一起。

誰能料到艾德・李維邀請我去當桿弟，竟然意外地讓我體味了世上最令人灰心的運動帶來的樂趣呢？我想……我非常感激。十年後，帕金森氏症會迫使艾德高掛球桿。在我持續打球的這些年裡，這運動成了一種逃脫和慰藉，讓我可以暫時獲得解脫，不再過度關注自己的健康狀況，因爲在打球的時候，我滿腦子想的只有高爾夫球。

在艾德退出不再打高爾夫球後沒多久，我自己的健康狀況也迫使我暫時收起球桿，或者也有可能是永遠封存起來。從某種意義來說，帕金森氏症是在跟高爾夫球較量。有一段時間，高爾夫獲勝，我球技進步的速度比帕金森氏症惡化的速度來得快。這不算是用先進分析方法得出的結果，不過到最後，數據終究會對我不利。

第6章

運動能力

我以前每天都在挑戰地心引力，可以跑得像參加四分之一英里賽跑的賽馬一樣。現在我五十八歲，走起路來卻像九十歲。哦不，等一下，我認識幾個九十歲的人還在慢跑呢，老天爺。他們的噴射氣流把我掀翻，留下我一個人站在塵土中。前幾天，一個拄著拐杖的老人匆匆經過我的辦公室。我欣賞著他拐杖移動的節奏，心裡唯一的想法是：**瞧那混蛋走得有多快！**這就是現在我所追求的：我要走得像那個人一樣。

但實際上，我想要像自己小時候那樣行動自如。

快速滑溜

一九七一年我十歲的時候，我爸從加拿大軍隊退伍。我們離開他最後一個崗位所在的安大略省，回到我們家族的發源地卑詩省。我們從軍隊宿舍搬到社區大樓，對面是一排商店和一家賣酒的小店。幾個星期內，我就已經摸清了這一帶的每條後街、小巷和捷徑，也記住了從我們社區到我叔叔嬸嬸家的路線。他們住在五英里外的公寓裡，我覺得自己走那麼長一段路沒什麼大不了，所以沒有事先通知，也沒有找人陪伴。等我到了以後就能夠享受一杯冰涼的自來水，瑪麗蓮嬸嬸會打電話給我媽媽，告知她我在她那裡。

從那時起，我就開始經常走路。走路去上學、走過林子、走去看電影。我也騎腳踏車，還會溜冰。我是典型的加拿大孩子，從六歲就開始玩冰上曲棍球。我天生擅長快速行動，個子矮小、性格隨興又容易衝動、動作敏捷，像黑豹一樣反應靈活。在冰上曲棍球或者一般運動中，跑得快的人會被形容成擁有一雙「飛毛腿」。蒙特婁加拿大人隊的傳奇人物蓋伊·拉弗勒有一雙飛毛腿，我也有。

拉弗勒還有一雙「巧手」：換句話說，他很擅長用球棍靈活地控制冰球，可以用球棍的棍頭以奇怪、神奇的方式移動冰球，他因此成爲進球高手。我的手不靈巧，也沒有教練所說的「球感」，因爲我沒辦法有遠見地看清球賽的局面——不像韋恩·格雷茨基，他可以把冰球傳到隊友即將到達的位置，而不是他們目前的位置。我也不大有機會射門，不過嘿，我速度快得像在飛一樣。我飛快、靈活、敏銳地在冰面上來回巡查，對手很容易會上當，誤以爲我眞的有什麼企圖。我喜歡那樣快速地移動，讓人看都看不清楚。

我就像一臺永動機，在拳擊健身房裡總是不停地奔跑、跳躍、衝刺、短跑、跳繩。我攀爬海岸邊的岩石、抛投收線、投球打擊、滑雪、人體衝浪。我從磚牆爬到賣酒小店的屋頂上，撿回打街頭曲棍球時飛偏的球。我在電影院裡偷偷把胳臂搭在約會對象的肩上。

蕭伯納說青春都浪費在年輕人身上了，但青春沒有浪費在我身上。我只是不知道我會直接從年輕人變成老人。

動作片段

從小到大，我一直在利用自己的體能，不只是爲了好玩，也是爲了賺錢。在我的職業生涯中，我表演過屁股著地摔倒、肩膀著地翻滾，還有假打鬥——偶爾出其不意地揍對方一拳，然後挨上一拳。我曾經從高樓上跳下來、吊鋼絲飛行、在片廠的戶外布景溜滑板。百老匯導演赫伯・羅斯曾經爲我精心設計了動作，把《成功的祕密》中一段在辦公大樓裡溜達的畫面轉變成哈洛德・羅伊德 電影裡的場面。赫伯要求我在錯綜複雜的迷宮裡穿梭，經過抽屜拉開的文件櫃、開關不順的電梯門、維修工人的拖把和水桶，還有其他工作場所的危險物品（而且遺憾的是，這所有的動作都搭配著〈漫步陽光下〉的背景音樂。）

布萊恩・狄帕瑪導演的風格則和赫伯・羅斯的截然不同，但布萊恩創造了他自己的編排形式。他非常有名的是喜歡利用攝影機穩定器拍攝特長鏡頭，連續好幾分鐘不間斷。例如攝影機可能會跟著演員走過走廊、下樓、出門、走到街上、跳上一輛行駛中的公車——一氣呵成。我在泰國拍攝《越戰創傷》時就演過這種狄帕瑪的拿手好戲。這場戲本身是我演過極為耗費體力的戲之一，光是走路就無比艱難。我演的角色是個毫無經驗的新兵，正緊張兮兮地和同袍閒聊，談論在越南他媽的多麼容易喪命等有關生存的話題。我們邊聊邊沿著一條布滿車轍、坑坑窪窪的泥土路費力前進，而在背景裡一切天翻地覆。一座村莊持續不斷地燃燒，偶爾的爆炸助長了火勢。直升機快速飛進飛出、降落起飛。軍事人員穿過畫面，發射武器並且將死傷人員搬上直升機。在這段期間，必須精確無誤地說出一頁又一頁的對話。在這人造的騷亂當中，一步走得太快或是說錯一句臺詞，整場戲就搞砸了，十分鐘長的影片也泡湯了。而責任在犯錯的人身上。「從頭開始。」

在槍聲、炸彈聲、直升機逼近的嗡嗡聲等可怕的聲響之中，最嚇人的是那場戲還沒拍完布萊恩就先大喊：「停！」

回到安全的地方，我在演艾力克斯・基頓的時候，學會了如何瞬間在一場戲的布景當中巧妙地移動。我會像飛的一樣穿過門，雙手插在口袋裡滑過流理臺檯面，設法讓自己從一個走位記號順暢地移到另一個走位記號。我會坐在滾動的辦公室椅子上，邊旋轉邊滑過廚房布景的舞臺。基本上這都像跳舞一樣，雖然我不是舞者。

在《城市大贏家》試播的那一集中，初期有幾個場景是在曼哈頓一間小公寓的房間裡拍攝的。我飾演的角色麥可・弗拉爾蒂副市長和他的女朋友——政治線記者艾希莉——正來來回回討論是否要永久同居。幾句曖昧的雙關語、幾次性感的眼神撩撥，場面就變得浪漫起來。麥可接下來的盤算是，他需要從房間這一頭跨過床到另一頭去，同時在落地前要脫掉運動褲。我向導演湯米・史蘭（他是位傳奇的電視導演，是演藝界響噹噹的人物）提議，讓艾希莉躺在床上，而我空翻飛過床上，在半空中脫掉運動褲。

「好吧，」他說。「我同意。不過你怎麼知道自己辦得到？」

「我不知道。不過我想我做得到。讓我試試看吧。」

「我可以發表意見嗎？」飾演艾希莉的卡拉・古吉諾開口說。「只要不要倒在我身上就好。」

「還有不要摔斷你的脖子，」湯米說。「不然我得填一大堆表格。」

後來我莫名其妙成功完美地完成了這個動作，所有相關人員都高興地鬆了一口氣。我們試播集的起步就這樣一飛沖天了。

帕金森氏症的矛盾

對我來說，動作總是代表自由。在我診斷出帕金森氏症的幾年後，我才明白「動作障礙」是我這病痛普遍公認的名稱。我相信我讀過的資料或諮詢過的醫生都曾經提到這個詞彙，但隨著時間過去，我才慢慢理解這個詞的完整意義。我的病不是精神障礙也不是情緒障礙，雖然這些問題有可能出現。帕金森氏症是神經系統的疾病，顯現出來的症狀是動作失調。有些人會著重在輕微的麻痺，也就是手指和四肢的顫抖。那當然是其中一部分的症狀。但至少根據我的經驗，時間一久這些症狀會變得比較容易控制。更難承認和接受的是動作的退化。由於缺乏某種化學物質的介入，帕金森氏症會讓我肌肉僵硬、無法行動、面無表情、說話小聲——完全任憑環境擺布。對於一個認爲動作等同於情感、活力、意義的人來說，這是一門教人謙虛的課程。

從好的方面來看，我發現我可以和自己玩心理遊戲。我採取我已經用了一輩子的策略——若是不知道我實際上能不能做到，我就假裝自己辦得到。一直假裝到我眞的做到。這招十次有八次可以成功。那剩下的百分之二十呢？縫針、骨折、丟臉。

沒耐心的患者

幫助我標出我在生活中面臨的界線和限制的是蘇珊・布雷斯曼博士。她是神經及動作障礙治療專家，也是一位傑出的研究人員，是國際公認的帕金森氏症專家，同時是我們基金會重要的顧問。我們非常幸運能請到她加入我們的團隊，我也很感激她對我的照顧。在一小時的身體檢查當中，她總是徹底地檢查我的狀況，評估我目前的病情走向和發展速度，查核報告中我對藥物的反應，監測我的認知技能和心智敏銳度。這過程可能會讓人精疲力盡。有時候在檢查當中我「狀態很好」，有時候我「狀態不佳」，所有的情況都好好地觀察記錄下來。我希望每個人都能和我一樣有蘇這麼專業的人認眞關心自己的病情。

每次看完診離開她的辦公室時，我都知道她站在我背後的走廊上，評估我走得穩不穩。現在每當我想到走路，腦中就會浮現一句話：「三思而行」。我踏出的每一步都必須計畫好，沒事不要節外生枝，也不能浪費精力。我得考慮我坐椅子的姿勢：我坐的方式正不正確？我還要清點一下手腳擺放的位置。所有這些計算考量都是嚴格縝密的工作。身體的動作因爲需要拆解成所有的組成部分，所以更加困難，而需要花費的腦力又比身體上的勞動更難。我必須想好每個步驟，這需要全神貫注。

我不得不露面，雖然不露面會容易很多。有些時候，我受夠了一切，我不想再計算我的步數。我不想承認今天什麼變糟了，或者未來什麼會不可避免地變得更糟。要解析什麼是帕金森氏症的症狀、什麼是其他因素造成的，真的非常累人。

有些事情我做不到是因爲我五十八歲了。這樣算老嗎？我二十一歲時覺得五十八歲算老，而我的二十一歲感覺好像是五分鐘前的事。

近在轉角

和二十一歲住在洛杉磯一間蟑螂橫行的套房時不同的是，我現在住在曼哈頓上東區一棟戰前的建築物裡。有人花了些工夫讓這房子變得現代化一些，或至少添一些現代設備。例如地下室有一個荒廢的超大洗衣間，擺滿了從一九五〇年代遺留下來的洗衣機和烘乾機。後來裡面被清空、重新翻修，如今已改造成住戶的健身房。我就在這裡接受物理治療。

我的物理治療師萊恩・歐瑟雖然身材魁梧，但非常和藹可親、風趣迷人。他大學時代是個傑出的袋棍球選手，也是他家鄉的水牛城比爾隊的球迷。他把運動員的觀點帶入了工作中。他對每塊骨頭、肌肉、韌帶、肌腱的名稱以及這些組織如何通力合作（或者沒有好好合作）都一清二楚。我問萊恩他會怎麼形容他治療帕金森氏症患者的方法。「我的意思是，並不純粹是物理治療，對吧？應該還牽涉到別的東西吧，」我說。

他咧嘴露出頑童似的笑容（假如「頑童」這個詞可以用在身材這麼龐大的人身上的話）。「這是像物理治療沒錯，只不過治療師的媽媽是心理學家，爸爸是人體工學專家，哥哥是舞蹈家，治療師本身的心智年齡永遠在十五歲。」

「我很滿意這個答案。」

我的辦公室就在公寓的轉角，所以要從辦公室到家庭健身房，我必須走到外面，向右轉，走大約三十呎，再次向右轉走四十呎，然後從天棚下面的大廳門走進去。這段路我以前不加思索就可以走過，只不過是一段很短的上下班路程，或者從麥迪遜大道上的咖啡店或街角的書店回家的最後幾步路。不過現在變成了百慕達三角，或者說得更精確一點，是魔鬼直角。

這就是萊恩派上用場的地方了。每次訓練前，他都會到辦公室和我碰面，討論當天要做哪些治療。首先要做的是：考慮當天的天氣、我目前的狀態，以及在一天當中的哪個時段等變數來制定策略，計畫出從我辦公室大門走到公寓大樓，然後下樓到健身房，總共三百五十步該怎麼走。聽起來很簡單吧？有些時候確實簡單。但有些時候，例如今天，這就是適合羅馬神話英雄尤里西斯的危險長途旅程。

光是走出大門外就是棘手的問題。要立刻右轉的話，得迅速瞄左邊一眼，查看有沒有往來的行人。第一步很重要：我想確認情況不會因爲路人而變得複雜。在我的世界裡，再也沒有「迅速瞄一眼」這回事。我的整個身體──包括兩腳──都需要移動。看到路上安全，我就轉向右邊，逆著風前進。我們這個特別的角落，無論是因爲氣流向量的關係，或者只是因爲我們這棟大樓的形狀與對街的大樓並列，又正對著中央公園的石牆，因此共同創造出芝加哥這一側風最強勁的城市角落。最近幾年冬天時速高達五十英里的強風眞的把我摑倒在地。卽使沒有迎面而來的強風，今天紐約也冷極了。人行道結冰滑溜，路面冰凍後隆起變形，形成了危險的邊緣和突出物。而且這個轉角似乎總是擠滿了各種生物，不論是寵物主人拉著他身穿開襟毛線衣的法國鬥牛犬出來小便，還是在天氣晴朗的日子裡，年輕老師帶著十二個用牽繩繫在一起的學齡前幼童。

第二個右轉可能是決定這趟路成敗的關鍵。我在這裡跌倒過好多次，在混凝土上留下薄薄的一層膝蓋皮膚。好不容易轉過去後，我現在面臨了進入大廳這段甚至更險峻的下坡路。今天我的步調比較快，因此步幅比較小。由於霜凍在這裡也造成了損害，所以我若拖著腳走路，就會有無數陷阱等著絆到我的腳趾，害我摔倒。我的反射動作是收緊臀部，希望這樣能夠控制步調，但實際上反而限制了我的選項。另一個風險是，我可能會遇到一群吵吵鬧鬧的鄰居，正在等計程車，或是把車上的食品雜貨搬下來（或至少在門衛費力地把袋子搬進去時監督他們）。我會忍不住想要停下來打個招呼，表示友善。**錯！不要停下來，也不要和他們有眼神交流。不要理他們。很明顯地你走得非常辛苦，拜託，你還拄著拐杖呢，他們會了解的。**我走上前去，進門然後走開，這回向左轉，走到通往地下室的服務專用樓梯。

信不信由你，在經過這麼嚴酷的考驗後，緊接著是一小時的物理治療。

動腦流汗

核心運動、仰臥捲腹、仰臥起坐、單車式踢腿、討厭的腹肌運動椅——我們總是從有趣的動作開始。「好，走到這裡來。臀部向前、肩膀往後，不要拖著左腳走路，」萊恩指示。可是當我全神貫注在抬起左腳上，右膝的關節就伸得太直了。

該死。

「沒關係，我們待會再來解決這個問題，」萊恩說。我是個積極肯練習的學生，拚了命地努力，不過在接受考驗時我會有點暴躁不安、愛發牢騷。

萊恩重重地把一塊橡膠墊放在人造松木地板上，然後說：「碰腳趾。右膝抬高，左腿放下，用左手去摸右腳，然後交換。這組動作要反覆做二十次。」

我花了一點時間來想像這個動作，雖然之前已經做過上百次了，但我想要確認一下，因爲我知道接下來會發生什麼事。我做了一組、兩組、三組。然後問題來了。萊恩說：「美國第十六任總統是誰？」

我哼了一聲，伸手去抓左腳趾。「林肯？我不知道，我是加拿大人。」

「正確答案。（三乘三）減（七加二）是多少？」他在我大腦裡儲存資料的區域跳來跳去。我猶豫了一下，抓了左腳趾兩次。

「零，」我呻吟了一聲。「只剩下零，什麼都沒有了。」在我做碰腳趾的動作時，他一面考我一面擺放標柱，每隔兩步放一個，在健身房地板上排成之字形。我站在第一個標柱前面，保持平衡，跨一大步，要照著標柱排出的路線迂迴曲折地前進。我得小心謹慎、慢慢地走。我走第二步的時候，他又開始問了。

「從太陽開始按照順序說出所有行星的名稱。」

我解決了水星／金星／地球／火星，但下一個是什麼？木星還是土星？

「木星？」我猜。

「對，」萊恩說。「膝關節不要過度打直。放鬆膝蓋。腳跟著地。放慢步伐。集中注意力。」

「我沒辦法集中注意力，」我抱怨說。「你一直故意妨礙我。」然後我脫口說出：「土星、天王星、海王星。」我轉過身去，拖著的左腳撞倒了一根標柱，我自己也差點跟著倒下去。「有時候還有冥王星。」

萊恩大笑著說：「我敢打賭你一定在想：『你竟然要求我做這些該死的動作，我連站在馬桶前面筆直地撒尿都辦不到了。』」

「起碼我還能站著。」我回答。

然後再鍛鍊四十五分鐘，先用踏步機、划船機訓練，最後再做一組托爾克馬達認可的伸展練習，今天的物理治療就結束了。我們收拾好東西，穿上外套、戴上帽子，準備再順著原路經過一連串右轉、左轉的路線（這回多半是左轉）回到辦公室。就連走出健身房的門也是加強治療的機會。這類轉變會讓我的大腦突然打結，因爲通過門口也可能會成爲一種挑戰，視我要進出什麼樣的出入口而定。我快速重新調整一下，邁出穩定的雙腿繼續前進。我們決定不等服務專用電梯，選擇走樓梯到大廳。這看起來可能違反常理，不過對我來說樓梯比平坦的表面更容易應付。我的問題不在體力，而是在協調性。樓梯踏板的視覺語言非常清楚，規定了我的腳要抬多高、往前要跨多遠，腳步要多平。再說扶手也沒有壞處。

萊恩繼續說：「你記得我第一次見到你的時候你是怎麼坐的嗎？」

「我不知道——用屁股坐嗎？」

「對，不過你還把一條腿擱在椅凳上，另一條腿放在地上，頂住長沙發的一角。一條手臂往這裡伸，另一條手臂往那裡伸。爲了保持平衡，你得碰觸到這所有的點。」

「就像雷夫・馬奇歐在《小子難纏》裡擺出鶴的姿勢那樣。」

萊恩點點頭。「你的姿勢就是那樣，因爲你想要專心跟我們說話。我們其他人在跟別人說話時不必擔心身體做什麼動作，但是你非常需要專注。動作可能會嚴重分散你的注意力。」

我們走到黃銅和玻璃的沉重大廳門前。他把門打開撐著，我毫不遲疑地走過去。

「好了，」萊恩從我背後說。「接下來這段路我們要慢慢來。先停下來，兩腳站穩。想一下你要去的地方：爬一段短坡到轉角，轉彎，再暫停下來。同時要數算你的步數。」

燦爛的陽光從混凝土地面上反射，下午的車流匆匆朝市中心而去，人行道上的行人不多。我點個頭，適度地用瑜伽的方法深呼吸，然後邁出步伐。

「一……二……三……」萊恩在我旁邊大聲數著，但在我的視線之外。「六……七……」

忽然間，我分心了。那位女士的手提包裡是不是有一隻狗？然後我的左腿就過度伸直，身體開始朝大樓人行道上的花圃倒下去。萊恩的手臂瞬間伸出來抓住我，穩住我的身體。他抓住我的腋下，扶我再度站直起來。他對我苦笑了一下，再輕輕推我一把，要我繼續向前走。「八……九……十……」他數得更大聲一點。

萊恩做的事情很簡單，他想要教我的大腦做一種練習，同時讓身體做另一種練習。我需要在大腦裡創造出新的路徑，用新的方法來劃分行動和語言。基本上，他教我的不只是如何同時走路和說話，也是如何安全地想著其他事情，同時還能注意到從一地走到另一地所牽涉到的所有動作。

我在辦公室裡做伏地挺身和單車式捲腹時，發覺自己在背誦繞口令——毛茸茸的絨絨毛並不毛茸茸，對吧？如果她在賣貝殼，那我要買，因爲這玩意兒有效。也許有一天我可以精通同時處理多項任務，不過我更希望萊恩對我的數學不要太過苛求。

第7章

危險無時不在

我太愛我媽媽了，想給她一個擁抱。

我橫跨了整個國家，還越過一條國界，只爲了去給媽媽一個驚喜。這天是加拿大的感恩節，更重要的是，是她的九十歲生日。給九十歲的老太太一個會令她情緒激動的驚喜，即使在最好的情況下也頗有風險，但我以前就曾經這樣突然出現在她面前。

十年前，我曾經和哥哥史蒂夫跑到她在北愛爾蘭貝爾法斯特市的飯店套房去給她送餐點，當時她跟我的姊妹潔琪和凱莉一起到那裡旅遊。她們出發那天，史蒂夫和我講電話，結果其中一個人想出了這個荒誕的主意，隔天飛到貝爾法斯特去給她們驚喜。因為是最後一刻才決定的，時間非常緊迫，所以我們唯一能夠訂到的班機需要史蒂夫從溫哥華飛到約翰・甘迺迪機場，再立刻搭車到紐澤西州的紐華克機場，轉乘我們飛海外的班機。

從甘迺迪機場到紐華克機場除了走對角線穿過曼哈頓外沒有更簡單的方法。我透過專車接送服務去接了史蒂夫，沒多久我們就困在紐約市區的車陣中，速度非常緩慢地通過林肯隧道，好不容易到達紐華克機場航廈，距離起飛只剩下幾分鐘的時間。一個下了班的航警自願協助我們快速通過安檢，並且開闢一條最短的捷徑，讓我們拖著行李到達登機口。空服人員正要關上機艙門，他一腳伸進艙門內，把我們兩人扔上飛機。我們抵達貝爾法斯特時剛好趕上吃早餐。

我們之所以這麼瘋狂，是因為有更重要的目標——我們一直計畫全家一起出國旅遊，但我父親已經不在了，姊姊凱倫也在幾年前過世了。我另外兩個還活著的姊妹凱莉和潔琪安排了這趟旅行，陪媽媽到她祖先在北愛爾蘭的老家。史蒂夫和我認為這是增進全家感情的機會。我們想要參與這趟菲莉絲・派珀・福克斯回到她從未去過的老家之旅。當媽媽發現端著托盤送餐到房間來的男士是她的兩個兒子，她的反應是又驚又喜。

如今，十年後，哥哥和我又醞釀了另一個計畫。史蒂夫一家住在離媽媽只有幾英里遠的地方，他經常去她的公寓大廈做些雜事和家務。他告訴她，他第二天早上會過去，到時會從大廳打電話給她，她再按鈴讓他上樓。等她打開門時，想不到吧！出現的不是史蒂夫，而是我。這計畫非常完美，只是開門的不是媽媽，而是我妹妹凱莉。這樣或許更好——避免媽媽面對面發現驚喜時太過驚嚇，可能會心臟病發作。凱莉往後退了幾步。媽媽從客廳的沙發站起來，看見我，舉起雙手半遮住臉，尖叫了一聲。

「嘿，媽。希望妳不是在等待客房送餐服務。」

在大家團聚的興奮當中，我擔心自己會絆倒，或歪歪斜斜地往前衝，撞到我九十歲的母親，害我們兩人都摔死。從門檻到沙發只要走八到十步，我每一步都走得戰戰兢兢。無論我的腳步落在哪裡，我都需要先穩定下來才能走上前去擁抱，擁抱時要小心身體不能太往前傾，否則會把她往後推。要設法讓我自己有空間可以調整姿勢，再輕輕回應她的擁抱。拜託，千萬別把她撞倒，那樣可能會再次弄傷她的髖部。

在微微顫抖著擁抱了很久以後，我往後退，好像是爲了要好好看看她，但最主要是爲了保持距離、維護她的安全。她看起來健康快樂。而我，我只是很開心。

得到帕金森氏症這三十年來，我已經變成了一種危險的東西，可以當成武器。最近，我的行動和平衡的問題明顯變得愈來愈嚴重。我走路很難保持穩定，步伐的節奏無法維持不變，因此從門口走到母親身邊這樣短短的路程也需要極爲小心。矛盾的是，不管時間長短，站著也一樣搖搖晃晃。

可能因爲我靠得太近而受到危害的人還不只是我媽媽而已。我岳母珂琪和我媽媽同年齡，也面臨我可能帶來的風險，所以靠近她時我也必須小心翼翼。事實上，紐約人、觀光客、隨便一個市民，當他們走過麥迪遜大道、無憂無慮地滑著手機時，都完全不知道一團恐怖的龍捲風正緩慢而費力地朝他們的方向前進。我必須隨時保持警覺、小心謹慎，不光是爲了我自己，也爲了那些在我這條無法預測的路徑上不幸遇見我的人。

有時候我會把這世界看成是一場彈珠臺遊戲，我就是那顆被彈簧拉桿彈出去的鋼珠，拚命想避免在到達下掀的門之前點亮任何一顆按鈕。

奇怪的是，我夢過像這樣動作無法自我控制的情況。夢的內容是：我拿著一瓶帕金森氏症的藥物，在走到我住的公寓大樓途中繞過街角，然後我絆了一跤，撞到郵筒，那些膠囊就撒在人行道上。我彎下腰去撿藥，抬頭時看到一個遛狗人牽著一大群上東區的獵犬走過來，那群狗狼吞虎嚥地吃下藥丸。天知道這會對狗的五臟六腑造成什麼樣的傷害，不過考慮到周邊鄰居的情況，這些狗說不定早就已經在吃某種抗憂鬱藥了。我醒來時葛斯正在舔我的臉。

測不準原理

德國理論物理學家維爾納・海森堡提出了好幾個定律和原理，加上其他幾位天才的努力，結果導致了量子力學的誕生。海森堡因爲他的研究成果獲得了一九三二年的諾貝爾物理學獎。

以他的名字命名的理論是海森堡測不準原理，它指出**我們愈精準地確定粒子的位置，就愈不可能精確地知道粒子的動量，反過來也一樣**。海森堡描述的正是我們帕金森氏症患者在走路時所面臨的難題。我沒辦法同時確定我的位置和速度。這是個無法解決的問題，因爲每當我跌跌撞撞地向前走時，大家經常會提醒我走慢一點，但他們不了解這根本不可能做到，因爲我完全感覺不到自己走得有多快。此外，我的大腦不會讓我的身體停下來，除非它找到安全的位置，而我還在移動的時候，大腦沒有辦法找到安全的位置。這和海森堡的原理直接相關。約瑟夫・海勒也把這寫成經典的《第二十二條軍規》：由於條件互相衝突，所以這是一個無法逃脫的困境。

我把這個難題想像成這樣：假設把我的身體水平分割成十份，那麼每一份都會以自己的速度前進，而且沒有任何規律的順序。我從來沒有靜止足夠長的時間來衡量我身體整體的位置。讓情況更加混亂的是我的步調愈來愈快，同時步幅愈來愈小（這是帕金森氏症後期的主要特徵），因此我的旅程窒礙難行。當我的步伐加快、超出了腦神經細胞放電傳導的能力時，我就可能突然失去平衡。十次中有九次，我會讓身體水平的十個部分驚慌地跳起舞來，希望在我壓倒某個人之前，身體的所有部分可以動作一致地恢復平衡。

一般人認爲帕金森氏症就是會顫抖而已，我曾經也這麼認爲。

再次的驚喜

我非常享受在加拿大跟我母親與家人共度的時光，尤其是有理由慶祝的時候。我到達之後的第二天，史蒂夫、潔琪、凱莉和我帶媽媽到柏納比當地一家披薩店吃午餐，柏納比位在溫哥華的郊區，是我從小生長的地方。這家店是全家人的最愛，我們從小時候就經常去吃披薩。在那之後，這裡已經重新整修過，紅色的皮革長椅取代了野餐桌，不過披薩的味道還是跟我六年級時一樣。我們點了幾個派和一些汽水，然後好戲就上場了。媽媽的手機響了起來。

「喂——？」她接起電話說。

「嘿，奶奶。我只是想祝妳生日快樂。」

媽媽指著電話告訴我們：「是山姆，從洛杉磯打來的。」

她回頭繼續跟孫子講電話。「哦，親愛的，謝謝你！我敢打賭你知道我得到的驚喜吧？你爸爸在這裡呢。你想跟他說說話嗎？」

「不用了，請他打電話給我就好了。其實沒關係啦，反正他也沒辦法打電話給我，因爲他的電話在我手上。」

說完，山姆繞過街角，走到我們的桌子旁。

我們全都看向媽媽。她再次舉起雙手遮住半張臉，發出小小的尖叫。再次謝天謝地，心肌梗塞沒有發作。山姆把我的手機還給我，在我母親身旁坐下來抱住她。這個擁抱一點也不危險，非常安全、穩定、正常。

午餐後，我九十歲的母親開車載我們去保齡球館。我們打了兩局，媽媽狠狠教訓了我們一頓。沒錯，我母親還會打保齡球，還會開車。每隔幾年我就會買一輛福斯帕薩給她，這款車子她開起來很安全，從來沒有發生過意外。

我差不多在十年前就交出了車鑰匙。在二十多歲時，我擁有五種跑車，還有幾輛不同車型的荒原路華豪華休旅車。我開著敞篷法拉利，時速八十英里時還能用火柴點菸呢。等我結婚有了小孩，就換成四門轎車加上兒童安全座椅，不再開跑車了。然後在我三十五歲生日那天，崔西帶我到我們在中央公園西大道上的公寓大樓外，我在路邊發現了我的禮物：一輛一九六七年的紅色野馬敞篷車，上面掛著的復古車牌宣告這是一輛登記過的古董車。它比我年輕六歲。

我開那輛車四處奔馳了好多年，直到我五十出頭時，發現右腳會一直規律地踩放油門，因此車子會不斷地加速、減速、加速、減速。我努力控制，在路上磕磕絆絆地前進。紅色敞篷車變得一點都不迷人了。另外是安全問題：我對車道上其他車輛接近感到愈來愈不安，這是因爲帕金森氏症會造成空間感知能力缺陷。而且我還養成了一種習慣，就是把方向盤轉向眼睛正在看的方向。這一切都讓我相信，雖然我的駕駛執照還有效，但是我不管開多快多慢都不安全。

反之，我母親卻開得好好的。她在經濟大蕭條的時代出生，在第二次世界大戰期間長大，因此個性堅強、堅定、不屈不撓。我女兒艾思梅慶祝成年禮的時候，我母親堅持飛到紐約來。當時她的髖部骨折還沒完全復原，儘管醫生一再勸告，她還是不打算錯過慶祝派對。這就是我媽媽。她熱愛生活，她的熱情與她的年齡不符。

媽媽教我不要把年齡當成衡量標準。誰能說人的壽命該多長？當人活到一百歲過世時，沒有人會問：「發生了什麼事？」大家會認爲早就該死了，反正本來就多活了那麼長的時間。不過也有像我母親和岳母那樣的人，她們是這種說法的例外。媽媽和珂琪仍然精神煥發、充滿活力，她們不會很快就離開。九十多歲的她們還很精力旺盛、積極投入，她們還在創造自己的人生，讓五十多歲的我非常羨慕。

第8章

放逐在痛苦街上

二〇一七年，新年前夕

土克凱可群島，英國海外領地

凱斯·理查茲一手拿著飲料，巨大的骷髏頭戒指輕輕敲著水晶雞尾酒杯，一邊用上一根菸的餘火點燃一根新的香菸。「小福啊」——他的聲音溫暖沙啞——「新年快樂。」

「你也一樣，凱斯。」

事實上，此刻我一點也不快樂。耶誕假期那一週，我們全家在土克凱可群島上名人雲集的旅遊勝地度假，我卻因爲坐骨神經受到壓迫而感到痛苦，最近在紐約辦公室走廊上摔的那一跤又讓我痛得更厲害。我痛得連走在粉末般的細沙上都得咬著牙，每走一步，就感覺好像有條龍在我的大腿後面噴火。那星期剩下的時間，我離大海最近的地方就是沙丘酒吧，而我不喝酒。我悶悶不樂地坐著眺望海灘，吸著無酒精的鳳梨可樂達。諷刺的是儘管我那麼節制地戒酒，我還是很有可能會從吧檯椅上滑落。現在我就在那間酒吧裡，和凱斯·理查茲一起等待除夕煙火。凱斯·理查茲是勇猛的海賊王、不朽的搖滾之神、該死的滾石樂團成員。我遠遠比不上他。

群衆開始倒數計時。數到一的時候，聽到嘶嘶的呼嘯聲，接著夜空中出現了七彩繽紛的燦爛光芒。凱斯仰起頭來，他那布滿皺紋、飽經風霜的臉在白磷強光的照耀下成了一幅閃光的肖像。**噢，天啊，凱斯·理查茲看起來比我的感覺要好多了。**

◇◇◇

度假，尤其是全家一起度假，顧名思義，就是脫離平常的生活模式與節奏：脫離日常。我們追求樂趣和放鬆。我們一家經常外出旅遊，向來喜歡一起旅行。現在孩子漸漸大了——兩個已經大學畢業，一個快要畢業，一個還在讀高中，因此我們變得比以前更有必要共度休假時間，了解孩子離巢後的發展情況。

我們在一些特殊的日子和重要的慶祝場合去旅行時，經常有其他的家人朋友陪伴。這次到土克凱可群島，跟我們同行的是好朋友與鄰居——申克夫婦、他們的兩個兒子，以及女兒艾莉。艾莉和我們女兒非常要好，我們都說她是我們家「第三個雙胞胎」。我們也會去探險，到人生願望清單上的目的地來場絕無僅有的旅行，重點放在探索而不是休養。另外也有一些我們每年都會重遊的珍貴地點。熟悉感讓人心滿意足。假期——尤其是耶誕節和新年假期——給我們機會重新審視過去的一年。無論在這之前的生活多麼緊張、忙亂，或者刺激、乏味，我們都會好好享受既定的休養地點帶來的舒適。我們盡情享受著相同的事物，只是相同的事物變得愈來愈難得到。我們一家還是和以前一樣，但我在家裡的角色改變了。

我比以前更加依賴崔西。我生活的每個層面、一舉一動或情緒都不只受到我怎麼處理自己的健康難題影響，也跟崔西處理、反應這些問題的方式息息相關。要不是崔西無限包容接納我此時此刻的樣子，我現在不論健康狀況如何都不會出現在這裡。

錯失恐懼症

很不幸的是，此刻的我身在度假天堂，卻又生氣又痛苦，而且這不是我第一次體驗到 FOMO（錯失恐懼）。我不是很常使用社群媒體，所以很晚才學到這些 Instagram 上流行的首字母縮寫詞。我用的第一個縮寫詞是爲了回應一則推文：有個人在嘲笑帕金森氏症。我問山姆我應該怎麼回應。「SMH，」他教我，「相信我。」後來原作者發推文道歉，並且稱讚我的聰慧，山姆非常洋洋自得，我問他我到底寫了什麼。

「Shaking My Head（搖頭）。」他告訴我。

「FOMO」是後來學的。我第一次聽到是艾奎娜把這個詞用在我身上。有一次聽見女兒在公寓走廊上嘰嘰喳喳聊天的聲音，我匆匆拿起拐杖走到外面去，正好看到這場即興的談話結束，她們各自散開。走在後面的艾奎娜在轉進自己的房間前看到了我。「妳們在聊什麼？」我衝口而出。「我覺得自己好像一直在錯過事情。」

「噢，爸爸。你有FOMO。」艾奎娜解釋說。

「我有什麼？FOMO？聽起來好像一種眞菌。」我趕緊聞一下自己的腋窩。

「Fear of Missing Out（錯失恐懼症）。」她解釋。

這個詞巧妙地總結了我眞正擔憂的事。尤其在這次假期中，錯失恐懼症更是我每天要面對的現實。我坐在酒吧或游泳池邊，等著大家來吃午餐或晚餐。他們過來的時候，我就好像變成了容器——一個突然間裝滿了用過的海灘巾的大籃子，裡頭沒有一條是我的。我只能透過家人的敍述去體驗他們的冒險。倒不是他們拋棄了我，因爲他們確實偶爾會在游泳池畔陪我，但我堅持叫他們到附近好好玩。

這些年來，情況一直在改變，但這次的旅行似乎在告訴我，我正在跨入新的領域。

舊疾新病

對我們來說，連續幾年都在差不多的時間去同一個地方度假，就好像有了一份生活的核心樣本，是在特定環境中觀察到全家人不斷演變的旅行史：有一年山姆被埋在沙中的海螺殼嚴重割傷了腳，他的反應非常冷靜、默默地忍住疼痛，這是他在兩、三年前不可能辦到的事。七歲的艾奎娜、絲凱勒還有艾莉一起坐在一張海灘椅上看《糊塗女傭》，而如今這三個女孩如都二十幾歲了，在游泳池邊消磨時間，喝著鳳梨可樂達。艾思梅則像隻變色龍，以更出色的全新樣貌出現。我翻看著海灘度假版紀念冊的每一頁。

這些回憶讓我察覺到自己的身體狀態正在漸漸衰退。十年前，到土克凱可群島旅行，我會玩水上摩托車、滑水、深海釣魚，會跟子女和朋友的子女在沙灘上扔美式足球。不要誤會我的意思——我還是有很多事可以做，而且很多時候我最愛的就是什麼都不做。只是我發現我的選項愈來愈少了。

我對飯店工作人員和度假勝地常客的反應也很敏感。每年我跟他們都互有往來，他們會跟我打招呼，說：「你好嗎？」不管我怎麼回應，我都能看到他們在打量我，然後暗自評估，判斷我的狀況好不好。我如果察覺到難過、擔憂、或甚至驚恐的感覺，我也不會太在意。但我的答案——「我很好，真的很好，謝謝」——可能有點勉強。

在今年旅行前的幾個月，我的情況特別糟糕：四肢無力、坐骨神經痛得要命、腹部和下胸部附近的皮膚有種灼熱感，非常難受、不舒服，好像穿了一件鋼絲絨線衫。我去看了皮膚科醫生。我沒有起疹子，也找不出其他明顯會造成這些症狀的原因，因此她叫我去看神經科醫生。神經科醫生診斷出是神經纖維肌痛，這是一種會影響大腦處理疼痛訊號的慢性病。諷刺的是，與這讓人不得安寧的疼痛相對的是，我的大腿和下背部某些區域卻麻木、沒有感覺。

除此之外，最近我跌倒的毛病可以分成不同的類型：腳打結、膝關節過度打直、像「愚蠢行走部」那樣大摔一跤的跌倒，因爲急促步而踮著腳尖走，結果身體過度往前而撲倒在地的跌倒，還有因爲拖著腳走路、步伐不規律所造成的普通、熟悉的絆倒。後面兩種是帕金森氏症的症狀，但第一種嚴重、誇張的摔倒則和別的問題有關。

在土克凱可群島度假期間，情況變得難以忍受。我得回紐約弄清楚我的身體到底出了什麼問題。這表示我必須跟崔西說我們得縮短假期。我太太非常喜歡沙灘、大海、陽光跟朋友、家人，幸運的是，還有我。如果我預期她會遲疑不決，試圖找出妥協方案，或是想出多待幾天的計畫，那我就錯了。她聽了立刻就說：「不，我們應該回家，這個假期我一直很想你。」然後她唱起了動物樂團的〈我們得離開這個地方〉。雖然我沒預料到她會唱歌，但是在內心深處，我知道她會陪伴著我。她毫不猶豫，抱了我一會兒再吻我一下，然後就去叫孩子們收拾行李。

我喜歡她清楚地明白我的問題，反應積極主動，而不是消極被動。這並不是說崔西「感受到我的痛苦」，而是她承認我的問題存在，並且願意做任何事來緩解我的痛苦。無論人生開出什麼樣的條件，我們都努力接受。我愈來愈依賴崔西的接納，因爲我自己已經開始動搖。

一九九一年我被診斷出得了帕金森氏症，當時崔西和我甚至不到三十歲，而且才剛結婚，有個年幼的兒子。我一直感到肌肉疼痛，手指微微顫抖，在崔西的敦促下，我去看了神經科醫生。在粗略地做了一連串的靈巧度測驗後，他確定我得了青年帕金森氏症。我無法理解醫生在說什麼，只聽進了一些片段資訊。我確實記得他告訴我，我可能還可以再工作個十年。那年我才二十九歲。

我回家告訴崔西這個消息。我不知道該如何說得含蓄婉轉，所以就直截了當地說了。「我得了帕金森氏症。」她開始哭，我也哭了起來。我們在臥房門口互相擁抱。等我們分開時，除了震驚以外，兩人臉上都帶著類似的表情。當然震驚還是存在，不過還有困惑。我們悲傷、害怕又困惑，不知道未來會發生什麼，也不知道會什麼時候發生。這病的進展速度有多快？得了這種病，對我當一個丈夫、父親、演員，和一個人來說會有什麼影響？

關於這個病，以及這病如何影響了我和我們這個家，崔西有過最好（以及最糟）

的看法。她不僅肩膀讓我靠，而且把她整個思緒——最重要的還有她的心——都放在了我身上。她很關心我。這聽起來好像很老套，彷彿應該是理所當然的。但我不只是感覺到她關心我，我是清楚地知道。我不時會在她自己沒有意識到的情況下目睹她不同尋常的奉獻行為。

有一次我們從美國飛歐洲，我坐在靠窗座位，崔西坐走道座位。當時是晚上，或者說至少航空公司希望是晚上，所以他們關上窗戶的遮光板，調暗燈光。那趟飛行非常漫長，我需要站起來活動一下筋骨。

崔西睡著了。我笨拙地爬過她往後躺的椅子，儘量不去打擾到她。等我回到我們那一排座位時，她還是睡得很沉，於是我在走道對面的空位上坐下來，看著她做夢。一段時間後，突然遇上一陣明顯的亂流。飛機劇烈搖晃，機上的金屬發出引起共鳴的轟隆聲。

崔西坐直身子，突然睜大眼睛，立刻看向左邊，發現我的座位上沒人。她瞬間掀開毯子，解開安全帶，站起來找我，顯然非常擔心。這是裝不出來的。我有時會懷疑自己是否能夠承受這種關心背後的眞相。這樣的擔憂讓我確定我是她深愛的人，但同時我也是她覺得脆弱、需要保護的對象。

當然，她對我們兩人共同的經歷有她自己的看法，我相信她一定感受到大大小小的沮喪、失望，和驚慌。我們的生活和幸福需要我們兩人都活在當下坦誠面對。就像崔西說的：「愛就是凡事往好處想、姑且相信對方。」她不是永遠堅如磐石，但沒關係。我一直認爲用岩石來比喻支持自己的家人很愚蠢。岩石堅硬、固執、不可動搖，我就是這樣。而另一方面，崔西學會了不斷讓岩石滾動（抱歉了，凱斯）。

因此在二〇一八年元旦，我們滾回了紐約，比原訂計畫提早了四天。

第9章

我背部的未來

我回到曼哈頓的第一個晚上就在西奈山醫院接受觀察。我召集了帕金森氏症專家、神經科醫生、內科醫生、甚至心臟內科醫生來解決我目前健康狀況的難題。所有醫師一致認爲坐骨疼痛是一時的，只要休息一段時間就會消退，但我才不信。這劇痛的等級根本就像接受嚴刑拷問一樣。但在家靜靜休息一星期後，證明了醫師是對的。但其他方面的難題就沒那麼容易解決了。我有好多問題需要解答：爲什麼我會四肢無力？爲什麼我的手指和腳趾會發麻？還有就像我的偶像艾維斯・卡斯提洛所唱的：我爲什麼跌倒後會站不起來？我跌倒的毛病在不知不覺中愈來愈嚴重，不是屁股著地、臉貼地，就是身體其他部位摔在地上。

最近一次的磁振造影檢查結果揭露了長久以來我一直擔心的事。與帕金森氏症無關的罪魁禍首正順著我的脊椎往上爬。

碰不得的室管膜瘤

多年來，我的神經科醫生一直在監測我脊髓裡的室管膜瘤，這是一種從腦脊髓液通路上的室管膜細胞開始形成的腫瘤。這顆腫瘤最初在磁振造影檢查中出現，是醫生評估我的神經纖維肌痛的時候。當時我找了四位不同醫院的外科醫生，每位醫師都說這顆室管膜瘤是良性的，但卻是個令人擔心的重要問題，並且清楚說明了要解決這問題會需要承擔什麼風險。他們一致認爲我應該避免用侵入性手術來切除腫瘤。這手術非常複雜、困難、危險，而且不可能百分之百成功。他們都認爲開刀的風險太大，因此只要腫瘤是在休眠狀態，沒有過度壓迫脊髓，就不建議動手術。「我們就監測這顆腫瘤的發展，等等看吧，先繼續把重點放在改善帕金森氏症的治療上。」

基本上保持不變了好幾年以後，最近情況有了不祥的轉變，不知什麼東西促使腫瘤加速成長。另外還有一個警訊：新的影像顯示囊腫裡有輕微的出血，這點促使醫生重新思考他們「觀望」的立場。如今，同一批醫師一致認爲應該切除這顆腫瘤。

崔西和我仔細慎重地思考這一切。對於這個不得不做的決定，我們非常謹慎，甚至害怕。我們熱愛自己的生活，雖然在跟帕金森氏症共存了這些年以後，我們知道很少有事情是可以預料的。現在很清楚的是，這不只是令人討厭的屁股痛而已，而是我脊椎裡的腫瘤，這顆腫瘤必須切除。現在問題是：誰來執刀？什麼時候開刀？他們會知道自己在做什麼嗎？

東北部享有盛名的醫院裡有些國內赫赫有名的神經外科醫生。我們和其中一些人談過，他們仔細檢視了最新的影像，衡量了試圖開刀切除本身的風險。有些人有意願，有些人猶豫不決，有幾位當場拒絕。我需要一位英明睿智的男人或女人來協助我們做決定。

鼎鼎大名的哈佛醫學院神經病學家艾倫・H・羅珀博士在我剛診斷出帕金森氏症的頭幾年曾經帶領我度過難關。他推薦我去見尼可拉斯・西奧多醫生，他是巴爾的摩市的約翰・霍普金斯醫院的神經外科脊椎中心主任。西奧多醫生的前一個工作崗位是在鳳凰城的巴羅神經學研究所，艾倫的兒子亞歷山大・E・羅珀本身也是神經外科醫生，曾經在巴羅神經學研究所與西奧多醫生共事。

崔西和我走九十五號州際公路從紐約到馬里蘭州去請教西奧多醫生。妮娜和我們一起，事實上開車的正是妮娜。約翰・霍普金斯醫院是非常具有代表性的機構，是美國神經外科的發源地。我們考慮這家醫院的另一個原因是他們擁有世界知名的一流復健中心，就位在同一個建築群裡。手術後，我不必轉移到別的地點復健。

我們到達了醫療中心。進去後，我拖著腳步沿著走廊走向一名身穿白袍的高個子男人。他在門口等著，離我大約二十步遠，走起來感覺卻像二十英里。因爲很難保持平衡，所以我一手扶著牆壁。等我們走到西奧多醫生那邊時，他帶崔西進入一間漂亮的辦公室，然後把我帶到隔壁的檢查室。這樣的陳設跟我對著名外科醫生的預期差不多。

我的第一印象是他非常引人注目，像一名務實的職業線衛，舉止卻像快樂的約翰·古德曼。西奧多醫生說他仔細查看了我的磁振造影檢查結果好幾次，並且了解了我的病史。他檢查我的脊椎、測試反射神經，做了一般常見的檢查。他把觀察結果記錄到電腦上，說：「影像顯示髓內（脊髓裡面）有一顆很大的腫瘤，並且在相連的部位有嚴重的脊髓空洞（在脊髓內有充滿液體的空洞），造成了非常大的壓力，所以平衡變得愈來愈差，腿部明顯無力並且出現痙攣症狀，還有明確的脊髓病變（脊髓功能障礙）跡象。」

我在穿衣服時，他針對我膝蓋上的擦傷和割傷說：「你經常摔倒嗎？」

「愈來愈常摔，愈來愈不開心。」我說。

「你膝蓋的傷有機會痊癒嗎？」

「最近沒辦法，我沒有細心地照顧傷口。」

我們回到西奧多醫生的主要辦公室跟崔西會合。會議一開始，他就先說了：羅珀醫生和他聯絡，提到有一名病患在上胸椎脊髓的位置長了室管膜瘤，沒有其他人願意碰，這件事引起了他的注意。羅珀決定在西奧多醫生同意考慮我的病例以前不透露我的身分。「我第一次看到你的磁振造影檢查影像時非常震驚，這還是比較保守的說法。」

我看了崔西一眼，她手裡拿著筆，正把醫生說的話全記在筆記本上。

「任何一個神經外科醫生，」他繼續說：「看著你的脊椎，心都會緊緊揪在一起。我只是必須深呼吸一下。」西奧多醫生說他了解爲什麼其他醫生認爲這沒辦法開刀，選擇迴避。「由於這顆腫瘤的位置在頸椎和胸椎交接的部位，再加上它的大小，手術的風險很高。」接著他傾身向前偷偷說：「我的意思是，誰想成爲害米高・福克斯癱瘓的那個傢伙？」

大多數人在評估神經外科醫生的時候不會特別注重對方是否有幽默感，但我比較信任在情況令人擔憂時能夠逗我笑的人。他的最後一句話讓我輕聲笑了出來。

崔西開口問：「你爲什麼認爲這個腫瘤是從他的脊椎開始長的呢？我們聽過不同的看法。」

「我們不知道這種腫瘤生成的原因，不曉得他是生來就有異常的細胞，還是這是自然形成的。不管怎樣，這類型的腫瘤通常成長緩慢，所以可能在他注意到有這個問題之前就已經在他體內好一段時間了。」

他從崔西那裡轉過來面向我。「就你的情況來說，也許是因爲有帕金森氏症的關係，所以很難察覺到你的脊椎有別的問題，」他解釋說「我想不用我說你也知道，帕金森氏症是會惡化的疾病，症狀會不斷改變，所以很容易會以爲這些腫瘤造成的問題只是新的帕金森氏症的症狀。同時出現這兩種情況是非常不尋常的，我不會希望任何人得到其中一種，更別說是同時得到兩種了。」

「嗯，我的帕金森氏症短期內不會惡化。既然明白了這點，你覺得你們可以解決另一個問題嗎？」

「我們當然有理由希望自己可以辦得到，不過沒有任何保證，也沒有捷徑。」西奧多醫生再說一次可能出現的併發症，包括我四肢無力的症狀可能會變得更嚴重，或者像其他醫生所擔心的，癱瘓。「胸椎脊髓裡的血管非常脆弱，而且非常微小，只要動作稍微大一點，或是一條小血管抽搐，脊髓就有可能決定罷工。」

我仔細聽著，但仰賴崔西理去解所有的細節，提出所有該問的問題。她完全以辯護律師的口吻問：「你能不能爲我們說明一下整個手術流程？」

「當然。假設一切順利的話，手術會進行五個鐘頭左右。等你被送進手術室後，我們會爲你做好準備、讓你入睡。接著我們會讓你翻身趴著，在你的肩胛骨之間標出關鍵區域，就是我們打算切開的位置。我們會利用超音波、磁振造影的影像，還有其他技術來決定切口的位置。」

我的緊張快要變成恐懼，我試圖緩解緊張的情緒。「嘿，起碼這不是腦部的手術。」

西奧多醫生笑了。「我知道你眞的動過腦部手術，不過那比我們現在談的容易多了。」

崔西補充說：「米克的腦外科醫生拿他的工作和火箭科學家相比時也說過同樣的話。」

絕不容許出錯

一九九八年，我動了視丘燒灼術，破壞大腦內控制不自主運動的視丘部位的特定細胞。負責的神經外科醫生布魯斯・庫克醫師在我的頭蓋骨上鑽了一個洞，再把一根細絲伸進大腦到達目標位置。他解釋爲什麼在火箭科學家和腦外科醫生長久以來的比較當中，外科醫生會占上風，因爲外科醫生絕對不容許出錯。「我們都看過電影《阿波羅十三號》，」他說。「要是出了問題，火箭科學家總是可以去找塑膠袋、硬紙板，和大力膠帶來解決，但是腦外科醫生就只能打電話去找個擅長處理醫療糾紛的律師了。」

西奧多醫生提出了他自己的比較：「假如我爲你的腦部動手術，我可以利用探針去接近要治療的位置。但是對於脊髓我們還沒有這樣的能力，沒有辦法用同樣的方法來處理，所以我們要把你的磁振造影影像當成地圖。在我的腦海中，我得先把磁振造影影像重疊到脊髓上，建立一個三維立體模型，這樣我才能確定腫瘤的位置。」

「不過，你們不是真的要切開脊髓吧？」崔西問。

「這是個好問題。沒錯，但我們會先切進脊髓周圍的硬脊膜（dura mater），拉丁文的意思是「堅強的母親」，這是一種白色的纖維鞘膜，好像 Gore-Tex 那樣，防止脊髓液流出。這些液體的作用是充當大腦和脊髓的緩衝。然後我們會在脊髓外層割開一個直線的切口，露出朝上下延伸的纖維。接著我們會輕輕地把這些纖維拉開，好像珠簾一樣。」

好了，現在我正式到達恐懼的地步了。**這強行切開脊椎的傢伙是誰？我真的要讓他這麼對我嗎？**我覺得有點頭暈，但我不想讓崔西和西奧多醫生知道我有點嚇壞了。我集中精神盯著醫生桌子後面的牆壁，上面掛滿了標準的文憑。醫學院：喬治城大學。住院醫師實習地點：貝賽斯達海軍醫院及巴羅神經學研究所。美國國家衛生研究院神經科學研究部門研究員。

這懶鬼！

他再度吸引了我的注意力，因爲他繼續說明手術的流程。「我們會小心翼翼地拉開脊髓裡的纖維，直到找到腫瘤。一旦切開腫瘤在顯微鏡底下觀察，我們就能確定這顆腫瘤的嚴重程度和各方面的資料。接下來我們需要確定這顆腫瘤有多『難應付』，弄清楚脊髓液會在哪裡產生影響。等我滿意收集到的資料後，我就會開始細心謹愼地刮除腫瘤。我會慢慢地，一點一點地，把腫瘤從你的脊椎剝下來。」

崔西從筆記本上抬起頭來，我太太聰明又有見地，而且是正在康復中的癟病症患者，所以遇到所有醫學相關的事她都是專家，她很清楚怎麼深入了解核心問題。「我明白了手術的目的，我想我也知道流程了。不過簡單明瞭地說吧，手術成功會怎麼樣呢？」

「手術成功表示不會再進一步惡化。」西奧多醫生回答。他很有自信，不過很坦白。他看著我的眼睛向我保證：「我打心底相信我可以幫助你。但是你要明白，手術的目的不是修復已經損壞的部分，那是不可能做到的事。你嚴重的平衡問題還是會繼續存在，你的股四頭肌抽筋和腿部後面麻木的問題也沒有辦法治好。而且比腫瘤本身更重要的是，因爲手術的緣故，在一段時間內你走路方面還是會有困難，或者甚至有可能會更嚴重。」

聽起來爛透了，也許我還是不要算了。「如果我決定不要冒險開刀會怎麼樣？」

「你的情況會愈來愈糟。不動手術的話，大概不會好轉。我看了你的症狀和片子，根據我的經驗，不用多久，你就無法行走了。」

崔西悄悄握住我的手。

「我知道要做這個決定不容易，」西奧多醫生承認。「整個過程會非常艱難。在手術後的幾星期和幾個月內，你會有很多感覺都是身體對手術侵入的反應。不過等疼痛和不舒服消退後，你的感覺就會漸漸改善。」

他停下來。「米克，你有什麼問題嗎？」

我看向崔西。「親愛的，妳認爲呢？妳想到別的地方談一談嗎？」

「你覺得怎麼樣?」她小聲問。

「我嗎?就像硬脊膜一樣。」我轉頭不看她的臉,「我是個堅強的母親。」

「對啊,你很堅強。」她溫柔地笑著說。

我當下就做了決定。「我們要熬過這一關。」

妮娜走進來和醫生討論安排的細節,我們全都同意了開刀的日期。從現在開始,妮娜將負責協調和排除問題。妮娜的態度和藹可親、辦事效率又高,我每天的生活都少不了她,我都說她是「我的額葉」。她暫停一下,轉身過來迅速、周到地和我做了一筆交易。她從包包裡拿出一個小小的薄荷糖罐,熟練地用拇指打開罐子。我拿了兩粒。「我那時就知道她很厲害,」後來西奧多醫生跟我說。「她在房間另一頭,憑直覺就知道你想要薄荷糖。」

「其實那裡面是混和的帕金森氏症藥物,」我解釋。「我甚至還沒開始顫抖,她就知道我需要吃藥了。」妮娜是我的雷達・歐萊利。她能夠預先準備好需要的東西,這種不可思議的能力只是她非常寶貴的原因之一。

不到一星期，我們就回到約翰・霍普金斯醫院。既然決定要動手術，就不能浪費時間了。每一天失去的東西都是無法挽回的。

第10章

拿出骨氣來

我準備要去照特寫了。手術排在明天，不過今天我穿著病人服躺在輪床上，吊著注射鎮靜劑的點滴。我不是被送進手術室，而是到放射科。西奧多醫生處理帕金森氏症和脊髓雙重問題的策略之一是：他必須利用最新的磁振造影影像來工作。這影像就是我脊椎的地圖，到時他得依靠這張地圖來開刀，所以影像必須盡可能清晰，不能有帕金森氏症的症狀，也不能有任何動作。要做到這一點，我必須不省人事。我注射的藥劑剛好足夠讓我失去知覺，一直到西奧多醫生拍完我背部（主要的那一面）的照片。

那天剩餘的時間我都待在病房裡，有一點點頭痛，妮娜則跟醫院的管理人員討論，看看在手術當中以及術後誰負責把我的帕金森氏症藥物給我。這點很重要，因爲在醫院不能自行服藥；他們必須對我吃的每一顆藥負責。每一種藥物、化合物都得檢查是否有禁忌。

崔西在病房裡陪我。我們兩人都很安靜，我想我們都有各自的原因。我想要小睡一下，眼睛雖然閉上了，腦子卻轉個不停。我在想二十年前的事。我在波士頓開腦部的刀時，崔西很害怕，明顯地非常緊張，我反而一點都不擔心。我知道手術有風險，但我也知道會有回報：最近嚴重的顫抖折磨著我左半邊的身體，阻礙我的家庭、工作、社交生活，動了手術就可以減輕這樣的顫抖。我只想能夠拿著書讀給我的孩子聽。我不擔心結果，我相信手術一定會成功。

我最關心的是要怎麼幫助崔西明白這一點。

那是一九九八年的事了，當時我們已經結婚十年。現在結婚誓言裡還說「無論健康或生病」嗎？嗯，我們的誓言裡有這句話，而從我診斷出帕金森氏症後，我就兌現了那張支票。我的心和腦子都還在努力消化這個現實。二十年後的今天，我們結婚三十年了，崔西一直都很健康，唯一從結婚契約的那項條款中受益的人只有我。無論健康或生病都互相扶持——我們倆就是這樣子。我知道我是這兩種情況中的哪一種，但我相信我還是有可能可以兩種都做到。

我對自己可能給崔西帶來額外的壓力特別敏感，因爲在這場嚴峻的考驗中她一直陪伴著我、關心我，但我知道她同時在想念她的父親。史蒂芬・波倫在幾個月前過世了，享壽八十九歲。史蒂芬擁有和他年齡相稱的智慧，卻像個十歲的孩子一樣喜歡惡作劇。

某個星期天下午，在他們位於康乃狄克州的農舍裡，史蒂芬獨自坐在餐桌旁他經常坐的位子上。他的塊頭高大，性格熱情而迷人，穿著領尖有鈕扣的法蘭絨襯衫，外面罩著開襟毛衣，在週末總是戴著棒球帽。與其說是戴，不如說是在一頭好像波浪一樣的捲曲銀髮上衝浪。他還留著跟C・埃佛列・庫普同樣風格的白色鬍子。他面前攤開著一份《紐約時報》，正在讀財經版。我拿起體育版，找了個位子坐下。

我查看洋基隊的比賽數據表，然後跟史蒂芬閒聊起來。史蒂芬很少談論我的健康問題，因爲我們兩人都覺得有更有趣的事情可以聊。可是那天，他放下報紙，把眼鏡往鼻梁上一推，然後說：「你最近好嗎？」

「整體而言，我過得還不錯。你呢？」

「很好。那崔西呢？」

「她也過得很好。但我正想跟你談談這件事。」

他往後靠向椅背，兩手交握放在桌面上。「說吧。」

「我們結婚的那天，牧師，還是拉比？其中一個說：『無論健康或生病……』我想崔西並沒有料到『生病』的情況會來得那麼快。」

我把手肘擱在桌子上，用手掌托著頭。「我有時會擔心這對她並不公平，她又沒有簽下這種約定。」

他沉思了一會兒，然後說：「聽著，孩子。你說錯了，她的確簽了。崔西是個非常堅強、非常忠實的人。你們兩個只需要順其自然就好。我不清楚你們在無論健康或生病的方面做得怎麼樣，不過我得說，你們在無論富有或貧窮那方面做得很不錯。」

這句話很有趣，我很感激我岳父這麼說。但了解史蒂芬就會明白這句俏皮話說的不只是錢而已。他觀察到我和崔西的生活在精神、情感等更實在的方面非常富有，這樣的富裕是我們兩人創造出來的。

我心裡抱著這些想法在約翰・霍普金斯醫院的病房裡睡睡醒醒。在某個時間點，我偷看了一下崔西，她坐在窗邊的塑膠椅上。在我無數次看診、做醫療檢查、動手術的時候，她都坐在那張椅子上，或者說同類型的不同椅子上等著我。現在我恍然大悟：無論生病或健康，她都想要陪在我身邊。

菁英團隊

早上七點，我們在手術前的準備區。崔西和我吻別。嗯，不是再見，是待會見。

崔西告訴我，我一旦被麻醉，醒來時會覺得彷彿只過了一秒鐘，她就又出現在我面前了。這段期間，她會和妮娜一起待在家屬休息室。她們會在那裡等待、擔心、打電話告訴家人朋友最新的情況，而崔西會利用休息時間玩糖果傳奇。西奧多醫師的其中一位副手艾利克斯會在手術期間向她們報告進度。

我被推進手術室。一群陌生人穿著手術服、戴著外科口罩，穿著醫院配發的卡駱馳洞洞鞋，好像淺綠色的幽靈一樣飄浮在手術檯四周。他們低聲商量著，把頭轉向我，然後又咕噥著繼續交談。我忽然意識到：**我在這裡了，我真的要動手術了。我為什麼要開刀？手術會成功嗎？還是到最後，我的脊椎仍然無法挽救？萬一結果是一張通往我的終點站的快車票怎麼辦？**

我一直都很積極樂觀，但我即將承擔的風險太大，會讓我們知道樂觀主義是否眞的是患難之交。這樣樂觀的特質能不能持續下去，能不能支撐住我？我一向認爲可以，不過在未來的幾個月裡，我的樂觀主義將會受到考驗。

西奧多醫師大步走進來。就算他對接下來的五、六個鐘頭感到緊張，他也沒有表現出來。我轉向他，希望他能消除我的疑慮，而他也全力安撫我。他把手放在我的肩膀上，說：「早安，米克。我來向你介紹大家吧。這個，」他大手一揮，指向聚集在一起的，幽靈說：「是精挑細選出來的團隊。他們全都面對過非常棘手的情況，都是技術高超的專家。」他向我介紹護理人員，這些都是與護理部主任討論後挑選出來的。「還有我想你已經見過我的夥伴可琳娜・齊古拉基斯。她非常出色，是位傑出的外科醫生，」他說。「她全程都會和我一起工作。」齊古拉基斯醫師微微一笑，然後轉回去繼續準備工作。另一位穿著綠衣的身影走過來說：「福克斯先生，你好。我是高夏克醫師，負責監控你的止痛和安眠藥物。」

「艾倫是我們的神經麻醉科主任，他很沉著冷靜，而且非常聰明，簡直就是搖滾巨星。」我心裡想，**嗯，搖滾巨星確實很了解藥物**。

高夏克輕輕拍了拍我的手臂。「我保證你不會有任何感覺的。」

這時西奧多醫生靠得更近一點，說：「米克，這就像夢幻足球隊，我挑選的都是最頂尖的高手。」

這些臉孔對我來說不再是完全陌生，他們愉快地工作著，開始做最後的護理工作。高夏克醫師給了我初步劑量的鎮靜劑。等我開始昏昏欲睡的時候，我又看了一眼這個菁英團隊，相信他們會竭盡全力。我祝他們好運。

失去控制

手術後我被轉到神經加護病房。我開始有氣無力地從麻醉狀態中甦醒過來，慢慢有了一點點意識。透過沉重的眼皮，我看見模糊的崔西，還有她旁邊的絲凱勒。我的腦袋昏昏沉沉，反應不過來。就像崔西向我保證的，感覺好像我們上一次在一起不過是幾秒鐘前的事。

倘若我們之中有人想像我們會開心地互相擊掌慶賀勝利，那就錯了。房間裡非常安靜，只有醫院工作人員低聲說話及輕聲走動的聲響。崔西彎下腰來對我耳語說：「西奧多醫生說手術很順利、非常的順利。他高興極了。」

但這是暴風雨前的寧靜，情況很快就會惡化，變成《蛇穴》和《美麗境界》的混合體。漸漸地，我的行爲開始改變。在崔西看來，我好像「頭腦清醒」，用平靜的態度直視著她說：「我很好。」可是在接下來的幾小時中，我們開始面對新的現實，或者說是超現實。我變得不大清楚我是誰、我在哪裡。我們的女兒小凱剛從文理學院畢業，獲得了心理學學位，這對她的來說是一件很創傷的事，簡直就是一堂關於半瘋狂狀態的速成課。

引發我變得瘋狂的事件是：兩名護理員要把我搬到有欄杆的床上。我的腿和背部都沒有感覺，所以沒有安全感。我感覺不到身體的重量壓在床面上，有一種非常眞實的滑落的感覺，因此我有點驚慌，開始氣急敗壞地大嚷：「我從床上滑下去了，我要掉下去了！」工作人員安慰（還是優越？）的笑容惹火了我。我強烈堅持說他們想把我從床上摔到醫院的磁磚上。崔西和小凱開始擔心，問護理人員有沒有什麼辦法可以解決。我無意中聽到了護理師的部分說明。

事情似乎是這樣：我連續兩天都注射了異常大量的麻醉劑。先是昨天爲了確保磁振造影影像完美，所以打了一劑。雖然劑量不高，但非常有效地讓我不省人事。然後，在不到二十四小時後，爲了手術又注射了更可觀的劑量，另外手術過程中也還需要再打一劑。除了這些混合的麻醉劑外，還要再打治療疼痛的鴉片類止痛藥，再加上我平常的帕金森氏症藥物雜燴，結果就是一個精神恍惚的冒失鬼。

在那藥物造成的一片昏沉之中，我堅信有人陰謀傷害我、羞辱我。我相信醫院一定是捏造了虛假的事實把我騙來這裡。我對醫療團隊的人大吼：「你們應該要治好我，但是我的背沒有感覺、我的腿也沒有感覺！你們根本不是醫生，你們是演員。你們在騙我！我知道，因爲我也是個演員！」接著我威脅說：「你們會接到律師克里夫的電話。**他是我的律師**。克里夫會把我從這裡救出去！」（克里夫是個沉著穩定的娛樂業律師，負責處理合約和利潤分配問題，他絕對不會想要捲入這檔子事。）

到了晚上，我陷入了比較溫和的精神錯亂，腦中充滿了幻覺和妄想。我的四周都是無法辨識的塗鴉和動畫卡通人物，我眼睛和最近的牆壁之間的空間中印滿了圖示和頭像。我向崔西抱怨我的兩手變成了草稈，我一直試圖從裡面拔出一點蘆葦草，抽出一根又一根想像出來的草稈。我沒辦法拔掉這些草稈（因爲這些草實際上並不存在）。我突然驚慌起來，警告小凱有一隻銀背大猩猩躲在房間的角落裡。她轉過身去，看見一件皺巴巴的大衣披在椅子上。「那是一隻銀背大猩猩。」我堅持。崔西對我表達了同理心。「親愛的，我們沒有看到大猩猩，不過我們可以理解你看到了，你一定非常害怕。」

一點也沒錯，那隻大猩猩眞是嚇死人了，而且他還在醫務人員之間走來走去，那些醫務人員看起來就像《星際大戰》酒吧裡的常客。一個探望另一名病患的男人揮舞著可能是手機的東西，可是在我看來好像是一臺照相機。我把那東西指給崔西看，她溫柔地笑著撫摸我的頭髮。「不要擔心，他不是在拍你。」

「妳說得沒錯，」我同意。「我想他是在拍那個怪物。」我指向床腳的空位。「它在那裡等著我滑下去。」

除了崔西和小凱對我描述的事情外，我對這一切幾乎沒有什麼印象。後來護理師也補充了一些他們自己的說明，但他們向我保證這種情形在醫院是家常便飯。他們早就已經司空見慣了。

我太太和女兒知道她們看到的這個瘋子、聽到的瘋言瘋語並不正常。崔西雖然憂心，但她明白這是怎麼回事。不過小凱看到她平常和藹可親的老拔變成一個大聲咆哮的陌生人，心裡相當不安。崔西安慰她說這只是暫時的，最後總會過去的。但是心理學家絲凱勒卻不是那麼有把握。

窗戶裡的寶寶

第三天，我感覺好多了。崔西、小凱、妮娜都在神經加護病房陪我。女兒坐在床邊握著我的手，用她的 iPhone 播放古典音樂給我聽。崔西教我做深呼吸練習，幫助我放鬆。妮娜在房間另一頭打電話。一會兒後，小凱放棄了古典音樂，改放搖滾老歌，都是一些她因爲我而認識的搖滾樂團和樂手：杜比兄弟、喬・沃爾許、齊柏林飛船。「喏，聽吧，老拔。盡情搖滾吧。」

小凱把她的背包扔到窗臺上。我不露聲色地朝崔西點了一下頭，然後指著背包小聲說：「有大猩猩。」所有人的臉色都變了，每個人都用哀傷的眼光盯著我。

「只是開玩笑啦，我知道那是背包。」

崔西瞇起眼睛。「米克，這一點都不好笑。」

小凱也這麼認爲。「爸，開這玩笑還太早了。」

妮娜把手機放進口袋，走了過來。「小凱，妳想去自動販賣機那裡嗎？」崔西看著她們走出去。

「我覺得那個笑話讓小凱感到很不自在。」她擔心地說。

「對啊，不過她不會離開的，」我說。「她並沒有帶走她的大猩猩。」

崔西大笑。「我得承認，我很高興看到你今天比較像你自己，即使你是個混蛋。」

「好啦，我會向她道歉。那笑話有點爛。」

病房又安靜下來。崔西和我一起欣賞窗外的景色，那裡的天井俯瞰著醫院最古老的區域。正面的磚牆上有一排排十九世紀的外推窗。我確定我在每扇窗裡都看見一個笑咪咪的寶寶，兩隻小手的手指張開貼在玻璃上。「小西，妳看那些寶寶。」我從床上指給她看。「那些窗子裡有寶寶。」

崔西太了解我了，不會誤以爲我在開玩笑。她沉默的回應是：平靜地拉上窗簾。我要走的路還長著呢。

第11章

形上學療法

以前的電影有一種老哏，我一直覺得特別乏味，那就是有一個病人相信自己沒病，所以試圖逃離醫院。護理師才走出他的病房沒多久，他就從床上跳下來，拔掉鼻子上的管子，再從衣櫃裡拿出雨衣，套在病人服外面。他穿上鞋子，隨便戴上一頂帽子，迅速衝向出口。**誰會做這種事？**只有電影裡的角色。那個脾氣不好又愛抱怨的病人，不斷地糾纏醫院工作人員，惹得他們心情煩躁。他很煩人、自我中心，懷疑每一個診斷或建議。

開完刀後待在約翰・霍普金斯醫院醫療中心的那兩個星期裡，我就是那個傢伙。

我是「嬰兒陛下」。工作人員為我盡心盡力，我卻永遠都嫌不夠。等我離開加護病房，轉到復健大樓後，我才稍微改邪歸正，變得比較文明一點。事實是我不可能逃離這棟大樓。不是因為我沒有那樣的決心，而是我根本沒辦法走路。

兩名工作人員幫我辦理離開神經加護病房的手續，把我搬到輪椅上。離開病床感覺很奇怪。過去幾天來，這張病床變化成各種各樣的東西，從救生筏到飛毯，再到倉鼠籠。我向病房裡的醫療團隊告別，並且向他們道歉。他們非常親切，竟然還說得出好話。輪椅推走時，我回頭看了一下，確定那張病床沒有跟在後面。

前往復健大樓——也就是急症住院病人復健中心——的路感覺好像永遠走不到盡頭。沿著像足球場那麼長的走廊前進，穿過防火門，經過門廳，再進出電梯，一路上我都沒怎麼說話，儘量不去擔心我的腳沒有知覺這件事。我不知道如果我的腳有知覺我會怎麼做。我以後永遠都要依靠這張輪椅了嗎？

我們放慢速度，向左急轉彎，進入一個寬敞的房間，中間有一張看起來舒適多了的病床，窗邊還有一張超級大的躺椅。我的第一印象是：我住進了一間相當不錯的三星機場飯店。他們帶我迅速參觀一下房間，推我到浴室門口，我可以看見一間輪椅能夠進去的淋浴間、一個低矮的金屬馬桶，還有一個洗手臺。我一定很快就會蹦蹦跳跳地離開這個地方。

倒不是我討厭這家醫院或院內的工作人員，或是我有什麼特別不滿的地方，至少在我的神智恢復清醒之後沒有。我只是沒耐心接受治療。我巴不得套上雨衣、戴上帽子滾蛋。不過我這人也很務實，知道我沒有做物理治療復健的話不可能離開。如果我在下星期左右情況沒辦法好轉，起碼我會讓自己看起來好一點。要是情況沒有變得穩定，我個人的任務就是利用演技裝出穩定的樣子。我打算用驚人的速度復原，迅速完成治療，克服所有的難題，在西奧多醫生的桌子上跳個舞，然後回紐約去。不幸的是，我才剛動了脊椎手術，這些事情我一樣都辦不到。

崔西從當地印度餐廳帶了晚餐來，我們一起坐在超大躺椅上享用。我向我太太還有妮娜說晚安，妮娜一直都在附近。我把燈光調暗，在他們發睡前的藥物以前，看了一點冰上曲棍球的季後賽。然後我把被單和毯子的底部拉到腳踝以上，方便我觀察兩腳的狀況。這已經成爲我的日常習慣，因爲我的兩腳在夜裡會做些奇怪的動作。

反抗，不合作

第二天早上，我問我是否可以洗澡。護理師給我準備了幾條毛巾和一把洗澡椅，然後推我過去。她打開水龍頭的時候，我脫掉病人服。這是幾天來我第一次沖澡。傷口包紮得好好的，而且用塑膠安全地密封起來，所以我可以任由溫暖舒緩的水順著我的背部流下。我伸手想拿肥皂，護理師遞過來給我，在那一刻我明白她就是我新的洗澡夥伴。她不會去別的地方，我也一樣。

我無法逃走，於是我試探極限在哪裡。和洗澡的時候一樣，幾乎隨時隨地都有人在注意、照顧我，不過在難得沒有人留意的時候，我會偷偷溜下床或躺椅，或者任何我窩著的安全地方，嘗試走個幾步。就像穿著軍靴走鋼索的人一樣，我跌跌撞撞地前進再後退。我的腳步無力又不穩，倒在柔軟的床面上。這些沒有經過醫師同意的嘗試是很糟糕的主意，但我還是覺得好像僥倖逃過了醫護人員的監視。在應該服從的時候，我的第一個反應卻是反抗。時間會證明這樣的舉動有多麼的愚蠢而短視。

我搬到復健大樓以後，西奧多醫生頭一次過來看我，表面上是要告訴我手術後的治療計畫，但其實是我像小鹿斑比一樣亂走的消息傳到了他耳裡，他很不高興。在和顏悅色地詢問我感覺怎麼樣之後，他開始訓斥我。「我聽說你已經在嘗試自己走路了。」

「對，只是查看一下腿的狀況。」

西奧多醫生接下來說的話生硬得令人驚訝。「別再那麼做了。」他沒有提高音量，但態度非常嚴厲。「我再怎麼強調我們爲你開的脊椎手術有多麼棘手、你的脊椎有多麼脆弱都不過分。要是你再繼續亂搞，遲早會跌倒，到時我就幫不了你了。我沒辦法挽救。那不會只是膝蓋擦破皮而已，很有可能會推翻我們所做的一切，你很有可能會癱瘓。」

我發覺我的脊椎還能夠感覺到寒意。

「我再解釋一遍我們在手術室裡對你做了什麼事。我知道我講過手術的基本步驟，但是你必須了解每一步驟都有可能是一場災難。」

他吸引了我的注意力，即使我並不想聽。

「通常我們切開硬脊膜檢查脊髓的時候，自然會噴出一些液體，但是在檢查你的時候一點液體都沒有，因爲你的脊髓腫得太厲害，根本沒有液體可以噴出來。而且一般來說，脊髓會跟著每次心跳振動，但是這種情形也沒有發生，因爲腫瘤緊緊掐住了你的脊髓。」

我慢慢消化這些訊息。

「我們得小心翼翼地切開脊髓背面，腫瘤在巨大的壓力下慢慢露出來，就像擠牙膏那樣。可是有一部分的腫瘤開始不用擠壓就自己冒出來。」

這比他在辦公室裡向崔西和我說明的可能情況要生動多了：「振動」、「擠壓」、「冒出」、「掐住」。

「這些用語是正常的外科詞彙嗎？還是我的情況特殊？」

「嗯，這麼說吧，」他透露。「我必須切換到禪定的模式，在五個小時裡，我的全副精神都專注在你的脊椎上。你要知道，脊髓大概只有你的小指頭那麼大，而且它不喜歡任人擺布。爲了你的手術，我請我的導師設計了專門的解剖工具，並且利用超音波的抽吸裝置，切除了還留在脊髓裡的腫瘤。一旦壓力解除，脊髓立刻開始像原本應該的那樣振動。」

我說不出話來。這就是此人的工作。

「這種切除手術非常注意細節，我必須小心翼翼地檢查腫瘤去除後的空洞裡的每個角落和縫隙，確保把腫瘤徹底切除乾淨了。」

很顯然，切除掉那顆腫瘤後，他的心裡感覺如釋重負。

「但我們還不能慶祝。每個神經外科醫生都會告訴你，某次一切都非常順利，可是病人清醒後……」

「狀態不好嗎？」

他深思了一會兒後，改用更清楚的措辭再說一遍：「有神經系統方面的缺陷。」

「你什麼時候知道我沒有問題了？我沒有問題吧？」

他點點頭，在床邊坐了下來，就在我坐的星艦級躺椅掌舵的位置對面。

「手術完你剛醒來，我還沒跟崔西說話前就先看了你的狀況。我請你動動腳趾、抬起腿來。你腿部的力量十分驚人，尤其是你才剛動過一場大手術。你把兩腿從床上抬起來。」他說的時候臉上浮現笑容，讓我不由自主地想要再爲他抬一次腿，好像很容易做到。「你要知道，你的動作非常漂亮。我要是有顆美式足球在手，我就會把球往地上砸了。手術可能會讓你的脊髓暫時無法正常運作，但你的力量接近完美。」

「嗯，」我說：「我喜歡一開始就很完美，然後再繼續改善。」

他站起來準備離開。「但請你記住，雖然你的腿很有力量是件好事，但這不表示你可以馬上使用你的腿。基本上，你得重新學習走路，你的腿有力量只不過是向我證明你有力量可以走路。所以，明天我們要開始治療了。總共十天。我早上會來查看你的狀況。」

我了解了這件事對他意義多麼重大、我這個病患對他來說多麼重要，我想要尊重這一點。另外，我也明白了，要是我做了什麼愚蠢或自私的行爲害他前功盡棄，對我們兩人來說都會是一場災難。

他臨走前再三強調：「千萬不要跌倒。拜託，不要摔倒。」

爲了預防西奧多醫生的床邊談話沒有把訊息清楚地傳達給我，醫院採取了更直接的方法：**把風險降到最低**。容許我冒險對他們來說風險太大。像老鷹一樣監視我成了工作人員的第一要務，他們必須保護我，以免我傷害自己。我半夜醒來時發現床上裝了一個警報器。我已經戴了螢光橘的手環，上面標明我有「摔倒風險」。那個詞的本意是爲了警告和提醒周遭的人注意，但我的第一個反應是覺得羞愧和恥辱。接下來要怎樣？在我脖子上掛鈴鐺嗎？

他們不明白、而我也無法說清楚的是，我夜裡會起來遊蕩不只是因爲情緒躁動不安，還因爲帕金森氏症。有時候這毛病會要求我動一動腿，就像服用類固醇造成的不寧腿症候群那樣。或者很有可能醫院工作人員的確了解這一點，但他們也無能爲力。我絕對不能在沒有人監督的情況下起來到處走動，否則我會跌倒。

高風險的事

我回想一下我來到這裡究竟是爲了什麼，又是怎麼來的。醫生給了我選擇：看我是要動這個手術，還是拒絕開刀，抱著樂觀的態度期待最好的結果？不論選擇哪一個，都有自己的後果，全都取決於我承擔風險的能力，而我寧可主動冒險、嘗試影響結果。

一個人的消極被動在另一個人看來就是聽天由命。我非得碰碰運氣不可。冒險是我天性的一部分，刻在我的DNA裡。青少年的前額葉皮質區還沒有完全發育成熟，因此沒辦法準確地評估風險。我就是前額葉皮質區發育遲緩的典型代表。我急著證明我的身高不能反映我的勇氣和毅力，所以任何事我都願意嘗試。我在十幾歲的時候參與了各種不顧後果的活動（我當時並不認爲它們有風險）、尋求冒險——那些活動很容易會導致失敗、身體受傷，而且非常有可能過早死亡。但我完全沒想過那些。

在身體受傷方面：我在一九七〇年代打室內袋棍球，那是美洲東北部原住民發明的一種讓人筋疲力盡的運動。有趣的是，加拿大的國球是袋棍球，而不是一般人認為的冰上曲棍球。室內袋棍球與大學袋棍球不同，大學袋棍球是在開放的草地上用塑膠棍來打，對於身體接觸也有一些規範。室內袋棍球則是一種血腥的運動，就算是十三歲的青少年來打也一樣。室內袋棍球的場地是利用賽季之間的冰上曲棍球場（室內或室外），地面是混凝土而不是冰，場地四周用硬板子圍起來，對手會把人用力撞到板子上，通常球桿還會打到腎臟上。我們揮動的球桿是用山胡桃木做的，形狀很像一根倒過來的拐杖，上面的網袋則用羊腸線和皮革編成。

我打室內袋棍球打了兩個賽季。第一年，我被分配到「C」級：基本上就是新手等級。我打得相當好，進了好幾球，超出所有人的預期。第二年，我被選進「A」級，跳過「B」級直接升到最高等級。這是個錯誤。我還記得第一天在更衣室的情景：我穿上裝備，環顧四周，注意到隊裡其他隊員的兩件事情。第一，他們不想跟我有任何瓜葛。第二，他們是十三歲的男人，平均身高六呎四吋，已經開始刮鬍子、有胸毛，而且腳超級大。而我身高五呎一吋，穿上全副的護具和頭盔也才一百一十磅重。就連選中我的教練也一臉懷疑和後悔的表情。

我一開始打得很好，因爲我速度快又難以捉摸，可以把像石頭一樣堅硬的印第安橡膠球帶到守門員身後射門得分。但後來我就遭到了攻擊，很慢才爬得起來。我爸媽注意到了這點，有些擔憂。

接下來又打了幾場比賽後，我媽媽問：「你還喜歡打袋棍球嗎？」

「嗯，我很喜歡，媽媽。」

「不過比賽看起來比以前粗暴很多，你也比較常受傷。」

「我才沒有受傷呢。」

「我每次洗你運動服上的血跡都要花一番工夫。」

我爸媽建議我降到「B」，我在那裡會比較安全。我拒絕了，繼續留在「A」，被人狠狠地教訓，學著怎麼去應對。不過，第二年我受邀去「B」級打的時候，我選擇了退出。

我年輕時影響最深遠的冒險是在十一年級時離開學校。當時我只有一個模糊的想法——甚至還算不上計畫，就是去洛杉磯展開演藝工作。因爲曾經在當地電視臺和劇院參加過幾次演出，所以如果人家說我那麼做是在冒險，我會覺得很疑惑。對我來說，留在加拿大更像是賭博。這麼說並不是想貶低我的國家或家人，而是我認爲到外面會有別的機會在等我。如果坐在教室裡，我就會有錯失機會的風險。

倒不是我對念書沒興趣。我只是排斥那種遵循傳統指導方針、有條不紊的學習方式。如果我沒有寫出一篇歷史課應交的報告，我會難過一陣子，但接著我就會開始做下一篇還沒寫的報告。我會向老師解釋：「老師，我對馬歇爾計畫和歐洲重整的歷史已經很了解了，我只是不想寫報告而已。我們可以在這裡待半個小時，我把那段歷史講一遍給你聽。」學校變成了所有可能的選項中最糟糕的一個：既沒有風險也沒有回報。

想當然，我周遭的人——尤其是我爸媽——都質疑我離開學校、家鄉、國家去追求演藝事業的決定。這個主意聽起來很瘋狂。他們覺得我天眞、自負、眼光短淺、太過魯莽，遲早會出錯，變成警世故事。我的確有這些缺點，但我並不是把這招險棋當成達到目的的手段，而是當成創造機會的方法。我必須把自己放在我可以繼續生活一輩子的環境中。我可以去當個演員，從事我喜歡的工作，說很棒的臺詞，演出精采的故事，和很有意思的人一起工作，也許甚至可以因爲這樣而得到肯定。

如果不冒險就沒有機會碰到好運。我冒了險，然後就交到了好運。

打地鼠

我想像了一段蒙太奇手法的影片。背景用力彈奏著八〇年代流行的「長髮金屬樂團」的強力情歌。開頭是一個特寫鏡頭：我，正在手術檯上。接著是一連串快速的片段：西奧多醫生和他的精選團隊切開我；工具遞給西奧多醫生，一名護理師擦掉他額頭上的汗珠；解剖刀一閃；血液和別的液體湧了出來，噴在他的口罩和安全護目鏡上。然後是我的特寫鏡頭，拍攝手術後我對「成功了！」這個消息的反應。接下來是我成功克服了物理治療的縮時攝影：先是利用有扶手的設備行走，然後不需要扶手，體力迅速恢復，沒多久就在沙灘上奔跑了。最後電影《洛基》的主題曲響起，我從前門回到家，直著腰桿、完全康復，我親愛的家人和搖著尾巴的無敵狗葛斯圍繞著我。

不，這樣的情況並沒有發生。

我第一次物理治療的內容是嘗試一個新玩意兒——使用助行器。這是一場我和助行器之間的搏鬥，而助行器占了上風。我的上半身想要把這怪玩意兒快點往前推，但我幾乎沒有反應的雙腿卻跟不上。最後我卡在一個類似伏地挺身的姿勢，但沒有可以利用的槓桿，感覺好像腳趾踩在一座打開的開合橋一端，兩手抓著另一端一樣。

約翰・霍普金斯醫院的復健中心令人印象非常深刻，有一間像健身房一樣的大房間，裡面有各種各樣的器材和設備，包括手足球、以電子技術操控的行走輔助服、拐杖、平衡木，以及雙槓。我用一隻手扶著助行器支撐身體，兩腳在助行器的框架裡面勉強保持平衡，一面和物理治療師艾瑞克玩模擬的排球遊戲。他的身材非常健壯，行事作風低調、順其自然。我可以不斷地把有彈力的沙灘球打回去。我站著不動時比較喜歡助行器。在來來回回擊球的時候，助行器只是讓我抓著的欄杆。

打排球打到一半時，西奧多醫師進入復健中心。看到我搖搖晃晃努力的景象，他興奮得忘情了。「卡奇・基拉伊！」他大喊，指的是那位厲害的沙灘排球選手。我一分心，下一次接球就揮了個空，差點往前倒在助行器的橫桿上。

輕鬆的活動到這裡爲止。西奧多醫師想要看我整個復健的狀況。他和一名副手一起觀察艾瑞克讓我做的一連串核心訓練、平衡測試，以及在一小段有護欄支撐的樓梯上反覆練習，這些都需要簡單、協調的運動能力。好像嬰兒學步一樣。復健到了尾聲時，我們就到旁邊的醫院走廊上，走廊有半個足球場那麼長。在艾瑞克密切地看顧下，我要想辦法撐著我的假朋友眞敵人——助行器，搖搖晃晃地走到盡頭再走回來。問題是，我的兩腳無法跟上。

「要待在框架裡面。」他們不斷提醒我，可是因爲帕金森氏症的影響愈來愈大，我的大腦和身體幾乎完全沒有交流。這以後會證明是個長久的問題，令人疲憊不堪。每個動作、每個指令，所有原來應該是本能反應的東西全都變成好像唐納・川普和南西・裴洛西之間的談判。（我不必告訴你哪一個代表大腦吧。）

這個早上高強度的復健非常吃力，考驗著我的體力和耐力。我覺得全身每條肌肉纖維都很緊繃。從醫生、艾瑞克，以及工作人員的反應來看，我的進度超前，超出他們的預期。我在約翰・霍普金斯醫院的復健從一開始就穩定地進步，這樣的模式一直延續到下個月我回到紐約與新一批的治療師合作。

職能危機

「我們集中精神，看要怎樣安全地打開櫥櫃吧。」職能治療師建議。這是新治療的第一天下午，我來這裡做另一方面的復健。我站在助行器的框架裡，忍不住想：「眞的需要那麼全神貫注嗎？」我在約翰・霍普金斯醫院接受職能治療的過程中，學習了完成無數平淡無奇的日常工作的最佳方法，其中有很多是簡單的家務事：把碗盤放進洗碗機、拿要洗或洗完的衣服、設定正確的烤箱溫度。崔西覺得這很好笑。「他才不會做這些事呢，」她大笑。「拍到大腳怪的照片還比拍到米克把碗盤放進洗碗機容易。」

崔西陪我接受這些初期的治療，山姆也一起來。絲凱勒回去紐約工作，換我兒子到馬里蘭來和崔西作伴。山姆原本計畫那個星期晚一點再過來，不過崔西和小凱和他分享我手術後精神錯亂的精采花絮後，他就把行程提前了。等到他來的時候，我的神智已經恢復正常，正在準備讓身體復原。

我沒料到職能治療竟然會讓精神那麼的疲累和沮喪。事實上，學習對物體的基本控制，也就是做一些例如穿衣服、穿襪子、利用「抓取工具」從架子上拿罐子等例行工作，大概針對的是帕金森氏症造成的缺陷，而不是手術帶來的問題。

山姆陪我接受上午的治療，見證了我第一次嘗試走路，他很會逗我笑，讓我沒那麼容易覺得氣餒或過分賣力。可是到了下午的職能治療時，他才眞正成爲治療過程的一部分。在練習完穿襪子和打開櫥櫃後，我們接著做協調和反射動作的練習。這些練習的形式像遊戲，例如：打地鼠、快速閃卡、腦筋急轉彎。我的職能治療師珊卓拉問我有沒有玩過 Wii 體感遊戲機的保齡球。我說我不記得有玩過。山姆糾正了我。

「有啊，幾年前我們送給奶奶當耶誕節禮物，我們玩了好幾次。」

「我打得好嗎？」

「不好，」山姆說。「說實在的，你打得爛透了。」

我跟山姆比賽。我們說好了三戰兩勝。第三場比賽根本不必打，因爲他徹底擊敗了我。

「哼，以我們兩人身體的狀況而言，這比賽不太公平，或者說輸贏的機會不均等。」我邊發牢騷邊把想像中的保齡球放回虛擬的架子上。

山姆說：「爸，你說得沒錯，我是長得比你高。」

我兒子就這樣輕鬆避開了令人難受的事實：我一直像隻蒙著眼睛的鴨子般亂揮亂動。不光是這樣，我還不懂這種練習如何能夠幫助我應付同時有帕金森氏症和背痛的生活。

我原本預期治療會很嚴格、困難、痛苦，事實也的確是這樣。但我確實得到了支持。我愛我的家人，我愛他們關心我、愛我、陪伴我。我很感謝也很欽佩醫師、治療師和工作人員。我能感受到，他們非常希望我有好的結果。但我現在才開始了解，復健是需要依靠內心的工作，我必須相信復健，才會有成效。一直以來我都非常有自信、樂觀、固執、堅定，但懷疑已開始削弱我的信心。那麼多有類似障礙的人都在苦苦掙扎，我算哪根蔥？我憑什麼認為自己能辦到？他們之中有些人是患了帕金森氏症，有些人是因爲脊椎手術的後遺症。我也許是唯一一個同時對抗這雙頭怪獸的人。

第12章

走路的方式

我在約翰・霍普金斯醫院做了十天的復健治療。我的物理治療師艾瑞克坦白說了，治療過程會非常艱苦，鼓勵我看清自己成功的機會。要用什麼方法，我們不是每次都意見一致，而令我懊惱的是他堅決認爲助行器是最快的解決辦法。我還是覺得助行器很難用，又奇怪又笨拙，不是什麼高科技產品，卻讓人難以理解。除此之外，我還覺得很尷尬。老年人隨時隨地都在用助行器，大部分用起來都好像游刃有餘——他們會利用裝上網球與適合各種天氣的輪子的助行器快速前進，但我卻連走到醫院走廊盡頭都有困難，總會在不知不覺中變成平板支撐的姿勢。

因此我抗拒使用助行器，想改用拐杖，但也不怎麼滿意。雖然拐杖是簡單原始的器具，但拐杖需要的律動模式對我來說很不自然。我先用右手撐著拐杖，左腳往前走，緊接著再努力讓右邊的身體跟上去。有人協助時，我可以斷斷續續地勉強走個八到十步，然後就筋疲力盡了。有時我會焦躁到發抖，僵在原地，兩腿搖搖晃晃，用拐杖敲著摩斯密碼，差勁地扮演《耶誕頌歌》裡脾氣暴躁的主角艾比尼澤・史克魯奇。艾瑞克爲我制定的治療計畫非常嚴格，但他全心全意地幫助我進步，並且認可我的每一項成就。

除了物理治療之外，我每天還要接受兩次職能治療，繼續重新找回我非技術方面的能力。約翰・霍普金斯醫院團隊裡的第三名成員是梅麗莎，她是一位專業休閒治療師，負責評估我的心智敏銳度。她的治療重點放在基本的認知工作上，讓我做些在桌遊板上找出相配的方塊之類的遊戲，目的是爲了測試我的記憶能力和反應時間。對一個五十六歲的大男人來說，這簡直是小兒科，每次我說出正確的答案，治療師爲我鼓掌時，我都會覺得難爲情。**天啊，如果這樣就算成功，那我還有很長的路要走呢。**

曼哈頓計畫

出院那天，我沒有像黑色電影裡那樣充滿戲劇性地離開醫院——戴上帽子穿上大衣衝出去、跳上計程車，而是穿著運動褲和蓬鬆的外套溫順地坐在輪椅上。崔西租了一輛廂型車，讓妮娜載我們回紐約，但不幸的是，租車公司派來的卻是一臺像機場巴士那樣的巨無霸。這龐然巨物妮娜要怎麼開呢？她需要不同類別的駕駛執照才能開這輛霸占車道、超級耗油的大車。我們自己的休旅車——就是妮娜載我們到巴爾的摩的那輛——雖然不是迷你庫柏，但也載不下我們所有人。經過一番討論後，我們決定由崔西、妮娜、艾蜜莉（我的看護），和我擠上休旅車。山姆這個戰士主動提出他要搭火車回去高譚市。

旅途中我大部分時候都很安靜，因爲我覺得我有很多事情需要解決。但我還是非常樂觀。我要回家了，我想念我們的大床、我的大狗、半夜偷偷翻冰箱找東西吃，當然還有和家人共度的時間，他們一次一、兩個人地輪流到醫院看我。我迫不及待想要同時看到他們大家。

回到曼哈頓，崔西和妮娜把車上的行李搬下來時，艾蜜莉推我進公寓大樓，我發現艾思梅在大廳等我。我已經三個星期沒見到她了。正在念高中二年級的她因爲家庭作業和其他要做的事情太多，沒辦法到馬里蘭的醫院來看我。除了小心翼翼以外，她不確定該怎麼對待我才好，於是她靠上前來給我一個溫柔的擁抱。我注意到門衛桑尼和丹尼在通往電梯的兩小段樓梯上放了臨時的輪椅坡道。

我轉向艾思梅問：「這棟大樓裡有誰坐輪椅？」

她停頓了一下下，然後微微歪著頭說：「嗯……你吧？」

我被推進電梯時女兒牽著我的手。我們打開門進入門廳的時候，她說：「我知道你聞不到，但我正在爲你烤布朗尼。我得去確認一下有沒有烤焦。」她說完就推開雙開式的彈簧門，走進廚房。

她進去的時候，葛斯輕輕走進餐廳，一聽到我的聲音，牠立刻轉頭小跑步奔向我。

發現我沒有從輪椅上站起來迎接牠時，牠放慢了速度，舉止突然謹慎起來。葛斯繞著輪椅轉一圈，大口噴著氣、拚命嗅來嗅去，然後擋在輪椅的路徑上。

牠清楚地表示牠不喜歡也不信任這個怪玩意兒。牠用下垂的眼睛盯著我，發出獵犬的低沉哀鳴，中間不時夾雜著哀怨的輕聲吠叫。**站起來，站起來**。我取笑那些對自己的寵物撒謊的人。「我要去一下商店，馬上就回來……（即使明明知道自己會離開好幾個鐘頭）。」「我們不是要去獸醫那裡……（那分明是正要去的地方）」。我們都會說這種謊，雖然我儘量不這麼做。不過當我坐在輪椅上向葛斯伸出手來告訴牠「我沒事」時，我們都知道我在撒謊。

我們公寓的中央走廊走到盡頭是個T字形，右邊是主臥室，左邊是一個空的小房間，多年下來已經變成了我的地盤、我的書房。如今爲了讓我療養，這個小房間已經重新改造過，幾乎認不出來：它成了一間病房，只不過鋪了地毯，書架上擺著我自己的書。我的浴室也重新配置過，在關鍵地方裝上了安全扶手。在玻璃與大理石組成的淋浴間裡還有更多的安全扶手，而在頂燈照射下閃閃發亮的，是一張鉻合金和塑膠製成的椅子。對於從戰場上回來、受傷的國王來說，這是一張適合得令人感到悲傷的寶座。

◇◇◇

同一場戰爭，不同的戰線。西奈山醫院復健計畫的名聲和約翰．霍普金斯醫院的差不多。這裡的設施比較小，設備沒有那麼齊全，但就像我即將會知道的那樣，一些很基本的東西——例如超大的橡皮筋或一疊小紅杯——在技巧熟練的治療師手中也能成爲充滿創意的工具。而我很快就見到了那位治療師。威爾是個三十多歲的高瘦男子，他在三樓迎接我。他有一張看起來很友善的臉，無懈可擊的儀態，還有肯定接受過戲劇訓練的聲音。

威爾走近我的輪椅。我站起來想跟他握手，但這個動作很困難，我的身體開始往前傾。他伸出手來抓住我的手，讓我的身體穩住、完全站立起來。

「我是米克，」我說。「不好意思，我有點站不穩。我體內的陀螺儀出了問題。」

「你的本體感覺變差了。我們看看能做些什麼來改善。」

「本體感覺（proprioception）」這個詞源自拉丁文的「proprius」，意思是「個人或自己的」，還有「capere」，意思是「拿走或抓住」。本體感覺是一種能力，能夠感知自己身體各部位的相對位置，以及花在各種動作上的力氣多寡。有些人把本體感覺稱爲「第六感」，還有一些人說「本體感覺就是我在空間中的位置。」我幾乎不會唸這個詞，但我可以把這個詞應用在我的經驗裡。打從我們第一次見面，西奧多醫生就解釋過，手術後我的本體感覺很可能會出問題，特別是會改變我的平衡和穩定性。他是這麼說明的：「如果本體感覺受損了，你就會覺得你只要站在黑暗的房間裡就一定會跌倒。」我沒有料到這個問題會這麼令人困惑、毫無方向感。

威爾繼續評估：「當然，你還有帕金森氏症，」他說。「這最起碼已經損害了你走路的能力。」

我裝出震驚的表情。「我有帕金森氏症？」

大多數時候我都是坐輪椅往返西奈山醫院接受治療。我把助行器放在腿上，而我目前的看護兼領航員貝琳達則在上東區來來往往的行人中穿梭。負責推輪椅的人自然有某種特權。不管有多少人擋住她的去路，貝琳達都可以占據她想要的空間，想走多快就多快、想走多慢就多慢。她把我當成一把鈍刀，在人群中劈開一條路。我忍不住想像有個小老太太被撞倒，而我的臉就是她看到的最後一張臉。山姆、崔西、妮娜經常跟我們一起走。我們是一支小小的遊行隊伍，同樣的時間、同樣的路線、同樣的表演，彎彎曲曲地走向醫院。要是我們有大氣球和花車就好了。

我並不喜歡坐輪椅，但從實際的角度來看，由於曼哈頓到處都是棋盤似的單行道，從我的公寓到幾條街外的門診復健中心，用這種方式比開車容易。雖然如此，但坐著輪椅出現在公共場合會讓我感覺脆弱、引人注目。這對我來說是個新的體驗，我寧可不要有這種體驗。不過事實上，我認爲大家注意的是輪椅而不是輪椅上的人，就算是那些不情願讓路給輪椅通行的人也一樣。唯一的例外是他們有被輪椅撞到的危險時——由於貝琳達推輪椅就像在開怪手，這種情況時常發生。

屁股和手肘

我們說坐輪椅的人離不開輪椅。這到底是什麼意思？離不開輪椅就是被綁在輪椅上，成爲人質。輪椅控制了人。或許那些習慣了活動自如（可以隨意使用身體各部位）的人把輪椅看成是一種讓步、一種投降的工具。但對那些殘疾到無法獨立行動的人來說，輪椅卻是讓人可以自由行動的手段。

我能夠理解，我未來勢必會用這種方式移動，也就是「我總有一天會坐輪椅」。到了某個時間點，我勢必要坐上輪椅，只是早晚的問題罷了。

過去一兩年間，爲了節省時間和精力，我會在特定情況下偶爾會使用輪椅。每當需要在很短的時間內跨越廣大的區域，能夠利用輪椅都讓我覺得如釋重負。例如出國旅行、在機場轉機時，就非用上輪椅不可。

除非我認識幫忙推輪椅的人，否則讓別人來決定我要去的方向和前進的速度，有時會令人感到沮喪而孤獨。推輪椅的人掌控了一切。從坐輪椅的人的視角看去，這是個充滿屁股和手肘的世界。坐輪椅對我的聲音也有影響。沒有人聽得見我說的話。爲了補足這點，我只能提高音量，結果突然就覺得自己好像《姊妹情仇》裡的瓊・克勞馥，一直在大聲吆喝。但根本沒有人在聽。對一個習慣了自主行動與自由意志的人來說，坐在輪椅上完全是自主與自由的相反。我得任由推我的人擺布。他們會把我放在角落裡，或是靠在牆邊，我都沒有發言權。有時聽到一些聲音，我想要回應，卻沒辦法轉身去看。

掌控輪椅的人通常是陌生人，可能是機場或飯店的員工。我相信如果我們能夠看著對方的眼睛，就會發現我們有共同的人性。可是一旦坐在輪椅上，我就經常被當成行李。人們不會期待我說太多話。只要靜靜坐著就好。把我送到目的地只是他們忙碌的一天中的另一項需要完成的任務。

最近一次旅行時，坐輪椅通過機場安檢非常的折磨人。我若待在輪椅上，就無法通過人體掃描儀，因此我得停到一邊去，接受仔細的搜身檢查，然後等待輪椅經過嚴密的採樣檢查。我說直接讓我走過人體掃描儀會簡單很多，結果為我服務的人露出驚訝的表情。他似乎沒辦法理解輪椅只是暫時代步而已。對我來說輪椅不是必需品，但推輪椅的人往往無法理解這個重要的差別。

「我可以走路，只是沒辦法走很遠，所以我才使用輪椅。」他沒有在聽。我走得不快、效率也不高，但是我有拐杖，我可以決定什麼時候要使用輪椅。這種事情沒辦法解釋給每一個人聽。當我站起來真的開始一步一步地走，周圍的人好像都不願意相信一樣（「他竟然會走路耶！」），因為他們一看到輪椅就認定我無法行動。

我撐著拐杖走近人體掃描儀，然後先把枴杖交給運輸安全管理局的人員再走過去，到了掃描儀另一頭再拿回拐杖，用枴杖支撐身體直到輪椅通過安檢。

很顯然，從輪椅上站起來證明了我有獨立行動的能力，讓負責協助我的人感到緊張不安。「來，坐上椅子吧。」他堅持。

「我沒事，我只是想要活動一下筋骨而已。」

這把他搞糊塗了。「可是椅子在這裡啊。」他又說了一遍。

我本來想再多站個幾分鐘，但我也只能爬回保持沉默的椅子上，被推到登機門去。沒有人會聽行李說話。

失去了才知道曾經擁有什麼

我必須重新學習走路，找回行動能力，重新掌控自己的動作。我認為找回行動能力是我治療的根本——對我來說，治療從頭到尾都是爲了走路。我也明白情況比這更複雜。有很多微小的控制能力必須注意，還有疏於照顧的肌肉、韌帶需要修復。我在約翰·霍普金斯醫院已經付出的努力讓我筋疲力盡，一想到還需要做多少工作我就氣餒，感覺好像被一點一點地折磨到死。

在過去可以無憂無慮漫步的時候，我覺得走路的話題相當無趣，但現在我對走路、散步、健行、漫步等行爲非常著迷。我看著艾思梅輕鬆地走進廚房，抓起一顆蘋果同時打開冰箱門拿椰子水，然後屁股一扭、關上冰箱門，再用腳尖一轉，從房間另一頭的雙開式彈簧門走出去。在樓下大廳裡，我的鄰居和她女兒快步走出門去趕搭計程車。我注意到一個男人走路有點跛腳，他提著一袋食品雜貨來保持平衡。我偷偷觀察所有人走動的樣子：輕鬆、活潑、像貓一樣，或是跛著腳，每一個人都走得比我好很多。

我們的身體所做的最困難、最不可思議的動作或許就是走路了。走路是我們人生會做的頭幾個動作之一，我們甚至還不了解這整個動作有多麼困難就會做了。崔西和我有四個孩子，我們熟悉孩子學走路的過程。例如，我可以在腦海中調出山姆一歲時的畫面。我輕輕拍一下他的屁股，讓他在客廳的小地毯上走。我數著他的每一小步。在自信而蹣跚地走了幾步以後，他來到腳凳咖啡桌邊緣，腿暫時軟了一下。他吸了一口氣，穩住身體，大大的頭搖來晃去，然後甩開支撐他的東西。他忽然發現自己一個人站著，周圍除了一張地毯什麼都沒有，並且看見崔西在等他。他加快腳步，踉蹌了一下，跌進她的懷抱。

現在，偶爾，她老公也會做同樣的事。

不可思議的是，記憶中山姆第一次走路的景象與我手術後的情況非常相似。我曾經看過文章說幼兒在學走路時，平均一小時跌倒二十一次。我在西奈山醫院接受治療期間，我敢發誓有些時候，假如物理治療師沒有抓住我的手臂、肩膀，或者頸背，我摔倒的次數就會超過這個平均值。

這種避免摔倒的身體獲救情況往往和家人給我支持的情感救贖非常類似。崔西在第一個星期每次治療都陪我過來，在接下來的幾星期也持續順道過來觀察我的進展，總是面帶笑容、擁抱我、對我說些鼓勵的話。山姆也沒有錯過太多次治療。他把全副精神放在每一次練習、每一次重來、每一次面對特別考驗時的小小成功，以及每一次暫時的失敗上。他從來不望向窗外，也從來不看手機。每當我抱怨某個動作對我來說很困難，他總是在我身邊，說：「爸，那是因爲你老了啦。」信不信由你，這讓我感覺好多了。

◇◇◇

我們全都以自己的方式自然適應各種障礙物以及視覺和身體方面的刺激。因爲我沒辦法預計或閃避障礙物，因此我必須採取自我觀察再校正的走路方式。如果沒有用眼睛查看，我會不知道我的哪隻腳走在前面，是左腳還是右腳。要是我的頭太向前傾或是太向後仰，我就會失去平衡。我必須想好每個動作該怎麼做。

這非常困難。因爲帕金森氏症和手術後遺症的緣故，就連保持身體挺直這麼簡單的動作都經常會遭到一群無法正常運作的神經細胞阻撓。我儘量有條不紊地做每個動作。我記住一長串的忠告，就像我打高爾夫球揮桿時腦袋裡的那張清單一樣：保持頭部在臀部上方的中心位置上；臀部要在膝蓋正上方；膝關節不要過度打直；膝蓋要保持和兩腳成一直線；兩眼朝前看；肩膀往後；挺胸；由骨盆帶頭動作。所有這些對動作的警覺都可能因爲驚慌了一奈秒而消失，或是因爲其他分心的事物而徹底瓦解。只要緊張地小小一晃或抽動，就會像突然一陣狂風中的紙牌屋一樣，唯一能穿透紙牌碎片的訊息是：**不要摔倒。不要摔倒。千萬不要摔倒……**

站起來。

走路的意志

第一次見到物理治療師威爾時，我立刻就明白了關於他的兩件事：第一，他決意要讓我再度安全地走路；第二，他曾經是個演員或表演者（那個聲音！）我突然問他是否還在百老匯工作。他回答：「沒有，我放棄了。這個工作的薪水比較高。」我聽了一點都不意外。現在我還知道了他是個聰明人。

威爾的重點是幫助我建立自己的一套動作優先順序。走到房間另一頭的關鍵不是到達那裡，而是如何到達那裡。我從椅子上站起來時，身體總會過度往前傾，嚴重到我認爲自己一定會倒下來壓到臉、撞斷鼻子。我會從桌子的一邊拿起一個豆袋，繞過一連串的交通錐走到另一邊，然後把豆袋放進杯子裡。接著我會往旁邊走繞過桌子，回到放那堆豆袋的地方，把所有動作再做一遍。我已經不再好奇爲什麼這些特殊的練習會有幫助了，因爲我覺得它們實在太奇怪，一定有什麼用處。不過威爾還是解釋給我聽。對他來說，物理治療是一份重要的工作，他懷著令人敬佩的抱負在做。我覺得自己對他有責任，一定要成功，就像我覺得自己對西奧多醫生也有責任，絕對不能跌倒傷到背部，毀了他的心血。

打從一開始，威爾就對我的帕金森氏症和脊椎手術同樣重視，從來不會只處理其中一個的影響，而忽略另一個會讓問題變得更複雜的因素。他不是專精某個領域，他可以處理病患的任何問題，包括像我這樣的綜合問題。威爾知道如何區別帕金森氏症和脊椎手術的症狀。帕金森氏症決定我走路的速度和軌跡，而脊髓承受的壓力會使我失去感覺能力，影響我的本體感覺。我們努力研究走路的力學和動力學，同時注意帕金森氏症和脊椎手術兩邊的問題。這演算法非常複雜，沒有一條簡單的捷徑。

接下來的兩個月裡，我們做了所有的訓練，從基本的伸展、核心運動、上下輪椅，到障礙訓練和（不摔倒地）拋球，一切都是爲了追求聖杯：不依賴別人走路。我在西奈山醫院三樓的一小段走廊上走了好幾英里的路，使用了各種不同的工具：助行器、兩根拐杖，然後是一根拐杖。事實上，我始終沒有辦法好好用拐杖走路。我連跟自己的兩條腿協商都有困難，更何況是第三條腿。我要怎樣才能讓這方法行得通？我是我自己這艘船的船長，我不需要多一根槳。

我會來來回回走動，總是藉助某種支撐的工具。醫院的地板表面堅硬，而且即使身高只有五呎五吋，跌下去的距離也不短。在走廊兩端的出入口，我會突然停下來改變方向。我的帕金森氏症討厭跨越門檻，它會阻礙我前進，逼迫我選擇是否要繼續走下去。如果在跨過門的時候遇到人，沒辦法避開，我就會僵住不動，等他們走開後我才放鬆下來。

轉折與吶喊

我在春天和夏天到西奈山醫院接受的還有其他方面的治療，例如職能治療：有更多的搬運、提舉、浴室安全、鋪床、拉襪子等訓練。這方面我也非常認眞練習，如今我已經可以不需要機械輔助，自己穿上襪子。

另外爲了帕金森氏症，我還特地參加了五個星期的語言治療。帕金森氏症患者尤其到生病後期，經常會口齒不清、說話含糊，或者很難說得清晰大聲到能夠讓別人聽見。我以爲我不會喜歡這額外的治療，但我其實樂在其中。要大聲清晰地說話比一般人所想的要困難得多。這在復健治療中是新鮮不同的，至少萬一我搞砸了也不會跌倒。

我的指導員西沃恩給了我一張按不同順序排列的單字表，唸一些散文的片段給我聽，唸完後還會拿部分的內容來考我。我會按照她的要求回答問題或重新整理那些單字。這些訓練過程中有個奇怪的地方：我在一個小房間裡，隔著兩扇門，有五、六個患者正專心地跟他們的治療師合作，而我卻扯開嗓子大聲喊叫。這正是這種療法的訣竅——必須用最大的音量才能改善萎縮的聲帶。西沃恩經常出家庭作業給我，我做完功課就要打電話到她的代接電話服務站，大聲喊出我的答案。

每天訓練結束時，她會交給我一篇新聞報導或其他的文學素材，要求我大聲唸給西奈山醫院的所有人聽。我一拿到今天的那篇文章，馬上熱切地讀了起來。唸了兩句以後，我發現我正在分享的是我那受人尊敬的大舅子麥可・波倫精心創作的詞句。那篇文章與他對迷幻藥物的研究有關。當天晚上，我把這件事告訴麥可・波倫，並補充了一句：「我可能已經說服一個髖部骨折的人去試試迷幻蘑菇療法了。」他顯然非常高興。

第13章

擁擠的屋子

快速動眼期的睡眠會帶來奇怪的噩夢和一些美夢。在某些夢裡，我動彈不得，癱瘓了。在某些夢裡，我就像小時候一樣身體健全。這種夜間的大腦活動似乎很正常，不過今晚發生的事絕對反常。這是個清醒的夢，我的眼睛是睜開的。**我不可能真的看到眼中的景象**。那是幻覺、錯覺，可憎地重現了我手術後精神失常的樣子。如果我閉上眼睛還能看到，我就知道那是噩夢。我把眼睛閉上，他就消失了，但是一睜開眼睛，他又出現了，而且比之前更大、更可怕：一個戴著兜帽的人影，留著鬍子的臉籠罩在綠色的冷光中，隱約出現在我的床腳。從我的角度來看，他是個巫師，不然就是《星際大戰》電影中的歐比王・肯諾比，或可能是撒旦，在黑暗中微微發光。

然後我恍然大悟……那根本不是什麼黑魔王，只是法蘭克而已。法蘭克的存在代表我的處境有多麼的混亂。除非親身經歷過，否則很難體會睡覺時被人看著有多麼驚悚。

法蘭克是個不錯的人，是我夜間的看護。他非常熱愛騎摩托車，每次都把他的哈雷停在我們大樓前。他晚上八點到，接替日班的人。這表示我從來沒有單獨一個人，這讓我感到窒息。法蘭克和我一起看冰上曲棍球比賽，再不然就是忍受我目前狂追的英國電視劇《浴血黑幫》。等我睡著一段時間後，他就會在書房我的床對面的躺椅上坐下來，拉起長袖運動衫的兜帽遮住長滿鬍子的雙下巴，把耳機塞進耳朵。他發簡訊給老婆的時候，iPhone 會讓他的臉籠罩在詭異的光芒中。每隔一段時間他就會抬頭看看，確定我沒有開始自燃。

三更半夜，我打了個冷顫醒來。半夢半醒之間，我睡得恍恍惚惚，不明白眼前爲什麼出現這個戴著兜帽盤腿而坐的魔王。他直視我的眼睛，問：「嘿，老兄，你需要去小便嗎？」

事情就是這樣。早上八點，日間的看護來了。我刷完牙、梳好頭髮，他們幫忙我換衣服後，我們就到復健中心去。這些看護算是我的事業夥伴，他們的職責是幫助我恢復健康。他們觀察我每天的治療過程，鼓勵我努力下去。

今天的復健結束後，我的看護貝琳達用她一貫好像在比印地五百賽車的速度，推著我在麥迪遜大道擁擠的人行道上前進。「你今天的狀況看起來很好，」她氣喘吁吁地說。「不過慢慢來，不要急。」

輪椅壓到路緣**（還是某個人的腳？）**彈了一下。「謝謝。妳也一樣，貝琳達。」

吃完晚餐後，就由夜班的接手，一直陪我到第二天早上。我和夜間看護在一起時最爲痛苦。我相信他們一定也會這樣說我。我們雙方都沒有錯，只是這整個前提本身就有問題。日班的人似乎把時間和精力都投注在讓我康復，而夜班的人照顧我的方式卻好像把我當成老年人：身體虛弱又有殘疾，是個脆弱、來日不多的安養院病人。事實上，這麼說不完全公平。他們是能幹的照護專業人員，盡心盡力地照顧我、關心我的健康。但我得到的感覺卻是他們只希望我不要在他們看顧的時候跌倒。

對我來說，從加護病房到在約翰・霍普金斯醫院復健，再到回紐約接受更多的物理治療，這段期間最值得注意的是我的世界變得小到不行，好像只能從顯微鏡中看到。我是培養皿裡的單細胞生物，每天二十四小時被人觀察著。但這樣時時刻刻看著，對我現在的心情來說太過緊迫盯人了。我好不容易又回到自己家裡，而我最大的目標——重新站起來，開始不依賴別人地活動——卻和夜間占領軍的目標完全相反。他們想要在我私人的空間裡限制我的行動。根據他們的目標，這些夜班看護的第一要務肯定是避免一絲一毫的風險。

他們要的是預防，不是進步。

帕金森氏症已經奪走了我隨興行動的樂趣。在展開任何新的行動之前，我都必須先仔細評估身體狀況和大腦的靈敏程度，但被人這麼密切地注意著是一種新的限制。這次手術讓我變得非常依賴他人，我很受不了。若有人伸出手來扶我、穩住我，我會感到很生氣，根據我自己的判斷，大多數時候這些援手都是不必要的。我走去浴室時就像浴缸裡的小嬰兒一樣被人看著。起先我會低聲反對，但很快就提高音量，讓人聽得見我在發牢騷。我跟他們商量，希望他們至少允許我自己小心謹慎地走個幾步，但就像約翰・霍普金斯醫院的護理師一樣，我的居家看護的要求很明確：沒有人協助就不能走路。

在公園散步

我白天到西奈山醫院接受物理治療時則是完全不同的體驗。我緩慢平穩地進步，愈來愈有信心，相信自己很快就能安全走路了。我眞的很想自己走路，並且對我的努力非常自豪。爲了達到目標，不管多大的痛苦或壓力我都願意承受。

我的物理治療師威爾的訓練穩定而認眞。有時因爲受到挫折，我不願意做某些練習，但他堅持要我持續下去。我從復健中心其他患者那裡得到的鼓舞是讓我能夠堅持下去的一大因素。很多人的狀況比我嚴重得多：中風、嚴重車禍、脊椎受傷、失去手腳。在需要的時候，這裡可以讓人看到現實。

這段期間，我的家人、妮娜，以及當天的看護貝琳達或馬可斯（他是一位和藹可親的紳士，而且推輪椅小心多了）一直在旁邊記錄我的進步，和我一起慶祝。

終於，在專注努力了幾個月後，我擺脫了一切。不用助行器，也不用拐杖。如今我已可以獨自度過夜裡的幾個小時，不需要看護。當我關上浴室門，門裡面就只有我一個人。白天的看護還在這裡，他們幫了很多忙。他們認可我的進步，鼓勵我繼續邁向獨立。

我在西奈山醫院完成指定的治療後，我很清楚我在家裡還是要繼續每天鍛鍊。威爾在送別時給了我很好的忠告。

他建議：「不必急著解決這件事，不必在意暫時退一步。這過程很漫長。你在這治療中投入了大量的血汗和淚水，但你必須繼續努力。我很遺憾必須告訴你，這訓練是永遠不能停的。」

聽起來並不容易。但我已經決心要狠狠鍛鍊一番了，哪怕是要踢我自己的屁股也沒關係。

他們說今天是你的生日

復健結束幾天後，我慶祝自己的生日。崔西在我們公寓裡舉辦了一場晚宴，請了另外五對夫妻。對這些朋友中的很多人來說，過去六個月來我就像在戰鬥中失蹤的士兵一樣，因此他們對我這陣子的經歷有很多疑問。我對每個詢問的人都快速解釋了一遍，令我鬆了一口氣的是，他們的評語多半都是「你的氣色看起來很好，」而不是「看來你過了一段很辛苦的日子。」這令我感到安心。

晚餐後，崔西輕輕敲一敲酒杯，站起來說話。我非常驚訝，因爲她很少致詞敬酒。我們隔著桌子看著對方。我微微一笑，挑起了眉毛。**致詞敬酒，真的假的？哇。**

她開口說：「我知道我們大家聚在這裡是爲了祝米克生日快樂，但我還想說點別的。」她凝視著我，停頓了一下。「米克，這一年對你來說非常艱難。你所經歷的辛苦叫人難以想像，不管是手術，還是在約翰·霍普金斯醫院以及西奈山醫院的復健。」

然後，她對餐桌周圍的朋友說：「他非常努力，日復一日，每天都辛苦練習。他得重新學走路，他很了不起。」她的目光回到我的身上，然後笑著說：「倒不是說他已經不會給人添麻煩了。有時還是很令人頭痛。」

我聽了哈哈大笑，插嘴說：「我認罪。」

她舉起杯子。「米高，我非常爲你感到驕傲。還有孩子們，我們大家都爲你感到自豪。我們愛你。我愛你，我也相信你。生日快樂！希望明年我們所有人都可以過得輕鬆一點。」

每個人都舉起酒杯，我把我的杯子朝向崔西。我希望在大家杯子相碰的叮噹聲和祝賀生日快樂的聲音中，她能聽見我說：「我也愛妳。」

◇◇◇

三年前，我五十四歲生日的時候，崔西出乎意料地給了我一份棒極了的禮物。爲了拿禮物，我們在去參加我的慶生晚宴途中先繞到別的地方暫停一下。雖然我們預訂的餐廳是在格林威治村，不過崔西要求車子往上城區開，然後讓我們在一〇五街中央公園的入口處下車。她牽著我的手走過溫室花園的大門，這是我在紐約市區內最喜歡的地點之一，很多次帶葛斯來散步時都會在這裡的長椅上休息一下，從這兒眺望花園。葛斯喜歡爬到長椅的木條上，使勁把我擠到旁邊去，占據較大的位子。

在那個溫暖的夏夜，公園和往常一樣漂亮，空氣中瀰漫著紫藤的香氣。崔西帶我走向花園的最西邊。「不是一匹小馬吧？」我問。「妳知道我們沒有空間養小馬。」

「那只是肥料的味道。反正你已經有一匹小馬了，他的名字叫葛斯。」

我們走到某一張長椅時，她停了下來，叫我注意一塊小牌匾，一塊題了辭的牌子。崔西捐款給中央公園保護協會，因此可以把一張公園長椅獻給某個人。這張長椅是屬於我的，上面的題辭寫著：「獻給米克．福克斯與葛斯，眞正的紐約人。」

我的第一個念頭是：**真意想不到，多麼完美的禮物**。我的第二個念頭是：**我不知**

道我還能跟葛斯走到這麼遠的地方多久。

幾年前，我的脊椎上甚至還沒有出現腫瘤，我的兩腿就已經愈來愈無力，耐力也愈來愈差了。帕金森氏症是小偷，慢慢奪走了我到公園遛狗這麼簡單卻珍貴的能力。

崔西在無意間把這麼棒的獎賞放在剛好超出我能掌握的範圍外，那天晚上崔西送給我最大的禮物就是激勵。

◇◇◇

時間快轉，到崔西為我的五十七歲生日舉辦晚宴的第二天。今天，我回到溫室花園，這是最適合慶祝我從復健畢業、獲勝繞場一圈的地點，或者說比較像獲勝直線前進。我要嘗試第一次靠我自己的力量走一小段路，不使用任何設備，不用拐杖、助行器，也沒有看護協助。絲凱勒和她的男朋友威爾・薩維奇陪著我，威爾是常春藤聯盟的棒球奇才，才剛被底特律老虎隊選中。我坐在租來的輪椅上（希望很快就能歸還），他們推著我沿著第五大道走到花園入口。

在離我的長椅很近的地方，我從輪椅上站起來，兩腳分開保持適當的距離，再把重心從一邊換到另一邊，好像準備要揮九號鐵桿一樣，然後抬起右腳往前踩，腳跟先著地，再轉移重心，接著左腳再跟上。這時我已經開始賣弄了。走了一百英呎左右時，威爾發現我的腳步有點不穩，趕緊追上我。他沒有抓住我的手臂，而是伸出他自己的胳臂。我踉蹌了一下之後，感激地抓住他的手臂。他憑直覺明白這種情況不需要他來救我，而是讓我主動伸手去扶他。這區別很細微，但是感覺大大不同。我用一手扶著威爾的胳臂一、兩秒，然後放開手繼續走。

絲凱勒用iPhone拍下這一刻。我們把影片傳給西奧多醫生，我一直定期和他聯絡。他一定會喜歡這段影片，他可以放在他的社群媒體上。

我知道康復會很艱難，但我並沒有完全預料到我對自己的心態和情緒會那麼有意識。樂觀一直是我的行爲準則。但也許是因爲年紀大了，或者因爲這次的經歷太過嚴酷，我如今發現自己很容易陷入憂鬱，失去對手邊任務的熱情。今天我和絲凱勒、威爾一起在公園裡散步提供了紓解鬱悶的辦法，我覺得鬆了一口氣。事實上，當我盡可能地沉浸在他們的故事、成功和生活中時，我自己的就變得沒那麼重要了。這是個值得歡喜的轉變。

我的家人朋友每個人都給了我很多幫助。他們提醒我，我還有個可以回歸的生活，這鼓勵我要向前看。

第 14 章

絕命老爸

最近幾個月做復健時，在早上和下午到西奈山醫院接受治療的中間，我的高爾夫夥伴哈蘭・科本跟喬治・史蒂芬諾普洛斯經常到公寓來和我一起吃午餐。我的高爾夫夥伴非常能夠振作我的精神。他們用友誼和陪伴鼓舞我，提醒我愈快痊癒就愈快可以回到球場。

今天將會是我們最後一次像這樣聚在一起，因爲復健結束了，夏天即將來臨，忙碌的家庭活動計畫會打亂我們的慣例。

哈蘭像往常一樣提前打電話來點餐。他點：「雞湯麵。」

「好，我可以安排，」我答應他。「我們一點見。」

哈蘭身高六呎五吋，（對我來說）非常高大，腦袋又剃得一乾二淨，要不是個性平易近人，他看起來會很嚇人。我們滔滔不絕地閒聊高爾夫和政治等各種話題，就是不談我的脊椎，這可能跟他是世界頂尖的暢銷小說家有關係。不過他可以一邊喝湯一邊說出精采的故事，通常是講他到各地出差的事。網飛把他的幾本書改編成大受歡迎的迷你影集，因此他一直在歐洲各個拍攝地點之間來回奔波。哈蘭尤其受到法國人的喜愛。Pourquoi（爲什麼）？

他聳了一下肩。「我能說什麼呢？我是懸疑小說家界的傑瑞・路易斯。」

喬治在主持完《早安美國》後會順道過來。他的體格依舊苗條健壯，頭髮比葡萄牙水犬還濃密，最初有人把他介紹給我是在一九九〇年代，爲我在《白宮夜未眠》裡扮演的年輕政治間諜的角色做準備。除了身高都不高之外，我們還有很多相似的地方。那時我的頭髮也很多。

你永遠無法了解喬治——他可能才剛和川普一起吃鬆餅，或是跟安德魯・古莫一起搭計程車。哈蘭和我慫恿他透露他的政治見解和看法，他從來不會讓我們失望。不管哈蘭跟我午餐吃什麼，喬治總是吃得更健康。不過他向來愛吃冰棒，通常是檸檬萊姆口味，那是我清味蕾必吃的小點。

在我下樓去做下午的訓練、喬治回家睡午覺、哈蘭回他的住處迅速再寫一本小說之前，我們聊了一下高爾夫。哈蘭的俱樂部即將舉辦大型的職業高爾夫協會（PGA）錦標賽，他邀請我們兩個跟職業選手一起走一圈球場。我很清楚我在短期內不可能走完球場，所以我們沒有進一步討論這件事。

幾個星期後，哈蘭、喬治和我一起觀賞那場錦標賽。不是在俱樂部，而是在我家客廳的電視上看。哈蘭帶來職業高爾夫協會官方的節目單。我們非常敬佩這些職業選手，他們徹底輾壓了這座讓我們感到慚愧、無地自容很多次的球場。只有高爾夫球友才會覺得高爾夫球賽的電視節目好看。但對熱愛這項運動的人來說，看球賽會點燃再打一場的熱情，會迫不及待想出門去揮桿。

後來由於發生了一些事，我沒辦法像自己希望的那麼快重返球場。意想不到的是我很快就會發覺自己陷在沙坑裡，沒辦法挖出一條出路。永遠不斷在變化的生活又將要改變，不變的是我和這兩人的友誼。不論深草區的草有多高，他們都會一直在我身邊，陪我打過一輪又一輪。

看護退場

終於，我重新獲得了獨立，可以在消過毒的醫院走廊兩端之間以外的世界自由走動。終於，我可以不需要人協助、自己在公寓附近散步。我走路的姿態好多了。我從使用助行器到拐杖，再到由看護扶住手肘，最後可以空手在走廊上平穩地行走。

現在我可以跟白天的看護說再見了。我後來開始喜歡貝琳達，她是居家健康看護界的理查・佩堤。她陪我在家的最後一天，我向她道謝，告訴她我希望能再見到她，但要離輪椅遠遠的。

馬可斯是我復健時的啦啦隊，他被逼著多上了一個週末的班，和我們一起去參加艾奎娜的畢業典禮。艾奎娜要先休假一年再上大學。絲凱勒去年春天從加州的文理學院畢業了。

艾奎娜學校的校園廣闊，所以我需要馬可斯幫我推輪椅。我相信他會確保我跟上大家。和預期的一樣，北卡羅萊納州的初夏熱得令人窒息，沒有一絲微風，而且一直都是這樣、無法逃避。不過馬可斯非常冷靜、毫無怨言。我向艾奎娜介紹他的時候，我很高興她抽出時間來感謝他。我漂亮的女兒洋溢著成就感、高興得眉開眼笑。我為她感到無比自豪，完全不在乎誰看到我坐在輪椅上。我動完手術後這麼快就能夠來參加畢業典禮，艾奎娜非常欣慰。

「老拔，我好開心你能來喔，你看起來很帥耶。」

「對啊，我以前常上電視呢。」

她開懷大笑，然後說她很遺憾沒辦法到巴爾的摩的約翰・霍普金斯醫院探望我。我告訴她我明白畢業前的最後一個學期非常忙碌，我也希望她付出全部的精神，努力走到這一天。

生活中很多重要的事情似乎都是悄悄地發生在我身上。投入大量的時間和精力準備到達某個目的地，然後想辦法達成，抵達目的地的感覺讓人驚喜。看看我走到哪裡了。看看發生了什麼事。感覺一團模糊，好像同時過著好幾種生活。艾奎娜接下畢業證書時，我想的不只是我自己走到這個里程碑的旅程，而是她的——她為自己所開創的獨特而艱辛的道路。

艾奎娜可愛迷人、和藹可親，還有一張我稱為在海灘上休息的臉。她比我聰明多了，也比我堅強。她敬業的態度令人驚嘆。艾奎娜四歲開始學跳芭蕾舞，先後在美國芭蕾舞學校和東區芭蕾舞學院接受過正統訓練，已經達到職業水準。一想到我一直以來可能都忙著解決自己的苦難和傷痛，從來沒有充分了解艾奎娜這些年來在身體、情感、時間上的犧牲，我就覺得羞愧。

她和絲凱勒隨著紐約市芭蕾舞團演出喬治・巴蘭欽的《胡桃鉗》時，錯過了很多節日假期。小凱在五年級結束時放棄了舞蹈，但是艾奎娜堅持下去，而且毫不鬆懈。她覺得哪怕只是休息幾天，她的身體就會失去柔軟度，狀況就會變差。

到她十五歲的時候，美國芭蕾舞學校要求她付出更多的努力，基本上是要她把全部的時間都花在這上面。爲了繼續跳舞，艾奎娜必須在家自學或者轉到職業兒童學校接受學術教育。她選擇留在現在這所高中，換其他的芭蕾舞學校。但她還是希望把舞蹈當成她未來的職業。她持續每星期六天的課程表，白天上課，晚上到東區芭蕾舞學院跳舞。她申請了她夢想中的大學而且被錄取了，但她知道她必須全心全意跳芭蕾舞，再不然就是全心全意唸大學。因此她決定延後一年上大學，先去邁阿密在邁阿密市芭蕾舞團當見習生，見習結束時，她得到了一份工作，是在哥倫比亞特區的華盛頓芭蕾舞團旗下的工作室舞團。很顯然，她實現了成爲一名職業芭蕾舞者的目標。錄取通知就在那裡。她認眞地衡量了跳芭蕾舞和上大學兩個選項，最後決定要在大學裡跳舞。

艾奎娜上高中一年級時，我們就注意到芭蕾舞對她的身體造成的傷害。小腿肚和髖屈肌都受到極大的壓力，讓她疼痛不堪。她的肩膀脫臼過幾次，一腳摔斷過，還有一邊膝蓋的脛骨平臺也骨折過。膝蓋還在慢慢復原，她又開刀修復肩膀。那非常痛苦。她定期看整脊師，每星期還要做一次針灸。這種治療絕對少不了。除此之外，舞者的腳趾經常受到猛烈的衝擊，她每隔幾天就穿壞一雙新的芭蕾硬鞋。某個品牌的鞋子害她掉了兩根大腳趾的趾甲。她把趾甲放在絲凱勒的枕頭上，絲凱勒一點都不喜歡。

◇◇◇

畢業典禮後，馬可斯把我的輪椅推到小教堂旁一片陰涼的草坪上，艾奎娜剛剛在小教堂裡領了畢業證書。崔西、山姆、小凱、艾思梅都在那裡，準備拍照。崔西說：「艾奎娜，我們跟妳和妳爸爸拍張照片吧。」

艾奎娜把手擱在我的手臂上，彎下腰來準備拍照。我微微笑了。「可以的話，這張我要站起來。」於是我站了起來，而她抱住了我。

獨立紀念日

七月到了，我和家人又展開平常的暑期生活。我們把長島的家當成仲夏的基地。我繼續自己的治療，走路緩慢而穩定地進步，但我允許自己借助一根工業用的超大四腳拐杖的力量。用四腳拐杖也許不是好主意，因爲會鼓勵我作弊，把拐杖當成支柱，而不是測量步幅、數節拍的工具。但我適應得很好，能跟上大家的速度。

哦，不過發生了一件意外。我們在薩格港一家時髦的餐廳享用完晚餐後，我付了帳，我們就朝等著我們的車子走去。我們必須穿過擠滿人的酒吧，酒吧裡有幾道拱門和沒有固定好的地毯。眼前的這片熱鬧景象讓我一時慌了手腳，導致步伐跨得太大，之後又惡化成急促步。接著我被拱門的門檻嚇了一跳，拖著的腳踩到地毯的邊緣絆了一下，身體往前傾，我連忙伸出雙手想減緩跌倒時的衝力。不幸的是，我的一隻手還握著拐杖，拇指被夾住、彎向不自然的角度，撕裂了韌帶。我尷尬地站起來，忍不住想窘迫地對餐廳裡盯著我看的用餐客人鞠個躬。**（那是米高·福克斯嗎？）**我檢查一下拇指，沒錯，確實受傷了。後來我和一位手外科醫生安排好時間，把肌腱重新接回去。

八月初，我家人和我登上渡輪到瑪莎葡萄園島度假兩個星期，完全不知道拇指的意外預示著更糟的事。往好的方面想，我因此不再過度依賴拐杖，走路的姿態大大改善了。

◇◇◇

我非常喜歡這座島。在這裡度過二十多個暑假後，我對這裡熟悉得像自己的地盤一樣。崔西和她的家人從她出生以來就經常到葡萄園島。他們在艾奎娜度過夏天的田園生活，而我們剛畢業的女兒也叫艾奎娜，這可不是巧合。

每天我們都走到海灘，一整片被高聳的沙丘保護著、沒有遭到破壞的美麗新英格蘭海岸。早在我的脊椎出問題之前，這些沙丘對我來說就是一種挑戰。我必須四肢並用，爬上這巨大沙浪的一邊，再用屁股從另一邊滑向大海。

每年夏天開始我們都會玩一個愚蠢的遊戲，算是一種家庭傳統：第一個爬上沙丘頂端的人會把雙手舉到半空中大喊：「我是山岳之王！」在手術後重返這裡，我決定今年要奪得這個榮耀。由於醫師吩咐我不能搬東西，所以我趁機一瘸一拐地超越了搬著海灘傘、椅子、毯子、毛巾的老婆和小孩。即使擁有這樣的優勢，我還是得想辦法四肢並用地爬完最後一段上坡路。我感覺棒極了——直到我爬到沙丘頂。一到那裡，我立刻上氣不接下氣地按照慣例宣布自己是王，卻發覺我一舉高雙手就扭到脊椎，失去平衡摔了一跤。這樣一來整個動作就不神氣了。我灰頭土臉地滑下沙丘靠海的斜坡。儘管這樣，我還是第一個到達海灘。**當王的感覺真好。**

我看著陽光在靠近岸邊的浪頭上閃爍，看到一個男人把一顆溼透的網球扔給一隻熱情的邊境牧羊犬。我想念葛斯。他沒有跟我們在一起感覺很怪，畢竟這是牠的地盤，我們就是在這裡找到彼此的。但牠對水的厭惡始終沒有改變。牠眞的很討厭水，尤其不信任大海。牠也不太喜歡炙熱的沙子，巴不得能找到一個完全曬不到太陽的地方。所以爲了避免給牠太大的壓力，我們把牠送去康乃狄克州的狗狗營地，自己到麻薩諸塞州享受陽光和海浪。

瑪莎葡萄園島和紐約市有天壤之別。這裡草木蒼翠，鄉間小路在枝葉茂密的喬木下延伸，穿過散布著羊群的青草地。需要提醒的是，我們並不是唯一喜歡這裡的人。在暑假期間，葡萄園島上有大批的遊客，騎著腳踏車、輕便摩托車，或開著汽車、貨車，把艾德加鎮和葡萄園港的街道都塞得滿滿的，造成像波士頓一樣的交通堵塞。但除了少數當地人之外（其中很多人的姓氏都可以在五月花號的旅客名單裡找到），我們全都是觀光客，所以我們沒有怨言。

我在這裡復原的進展良好，一點都不想離開這座島，直到經紀人送來一個劇本，提出了一個有意思的工作機會。史派克・李正在製作一部電影，導演是他年輕的門徒史提方・布里斯托。《轉動光陰》是部時空旅行的電影，有些向《回到未來》致敬的味道，劇情曲折引人入勝。一名少女因爲哥哥死在警察手中而心煩意亂，她爲了扭轉歷史拯救哥哥，製造出了時空旅行的工具。電影製作人希望我客串演出，飾演女孩的科學教師，對時空旅行抱著懷疑的態度。這是個小角色，有一點暗示的意味，不過我喜歡。這是比較沒有壓力、可以輕鬆重新投入工作的方法。

我的戲安排在我們待在瑪莎葡萄園島上的最後一個禮拜的星期一拍攝。這個任務只需要一天，再加上前後各一天的交通時間，所以我可以輕鬆及時趕回去，跟崔西、艾思梅、艾奎娜一起結束假期。絲凱勒在城裡有工作要做，所以我們在星期天一起回紐約。

傳奇的一摔

有好幾個小孩的父母經常會被問到他們有沒有最喜歡的孩子。我總是回答：「有啊，看我跟誰在一起就是誰。」這天晚上，我跟絲凱勒在一起，我開心得不得了。我們坐在廚房的餐桌旁，吃著外帶的義大利食物，討論小凱剛起步的事業。她在一家爲患了焦慮症的青少年提供協助的診所工作。小凱善解人意又很有同理心，非常關心她照顧的孩子。有些人是用眼睛看周遭的世界，絲凱勒卻是用心感受。她會讓我想要唱起《瑪麗・泰勒・摩爾秀》的主題曲。

因爲想知道在她的領域（或許還有其他領域）要怎樣才能進步，我們詳細討論了她的選項和機會。她第二感興趣的是在傳播和兒童電視的領域工作，另外她也考慮攻讀衛生與公共政策的碩士學位。

這次談話收穫很多。最後我提醒她：「嗯，小凱，妳不必在今天晚上就想清楚下半輩子要做什麼。」

她笑著把餐巾紙扔到盤子上。「那我什麼時候才會想清楚？」

「呃，我不知道，」我回答。「我想未來就是最好的時機吧。」

我們收拾盤子。「嘿，小凱，可以幫我一個忙嗎？」

「當然可以。」

我伸手到餐桌後面的架子上，拿出我折了幾頁的劇本。「妳介意陪我排練一下明天的臺詞嗎？」

她笑著說：「我很樂意。」

我以前可以拿起《天才家庭》的整本劇本，看個五分鐘就記住每一個字，現在再也辦不到了。也許是因爲帕金森氏症，也可能只是因爲我五十七歲了。誰知道呢？

這些臺詞我已經記得很牢了，但練習永遠沒有壞處，而且很有趣。

我女兒唸其他角色的臺詞，唸得相當自然，幾乎就像在表演一樣。「嘿，等一下，」我說。「那演戲呢？妳去年不是上了幾堂課嗎？」

這話惹得她大笑。「是啊。不過天啊，我不要，絕對不要。演戲是好玩而已，沒辦法拿來賺錢。我承受不了那種壓力。」

「對，那會害妳得帕金森氏症。」

我們把那幾場戲又排練了幾次。時間晚了，所以我放她一馬。「親愛的，我早上六點十五分要起床，我得睡一會兒。」

她停頓了一下。「我覺得我不應該走。我應該留在這裡，幫你準備早餐。」

「妳應該回妳自己的公寓去。妳自己也是得很早去上班啊。」我微微一笑。「聽著，我知道妳跟媽媽討論過這件事，決定不應該留我自己一個人。可是我得自己來才行。」

小凱把剩菜打包好放進冰箱。「我們並不是密謀要監視你、當你的保姆，或不讓你過自己的生活。我們只是關心你、愛你。」

「我也愛你們，我喜歡你們關心我，不過你們可以關心我，不必照顧我。」

小凱拿了包包，我們走到門口。她還是有點猶豫，問：「你確定嗎？」

我溫和地回答：「別再說了，妳得走了。時間很晚了，不要搭地鐵。叫優步吧。我不會有事的。明天我從片場回來的路上再打電話給妳。」電梯來了，我們擁抱了一下。她走進電梯。我聽著電梯隆隆響著下去大廳，看了看空蕩蕩的公寓。我獨自一個人了。

◇◇◇

事情發生的經過是這樣的。

第二天早上，我到廚房去吃早餐。分量不多，也許吃一片吐司喝一口果汁。沒有咖啡可以喝，因爲崔西的咖啡機是賓士公司製造的，我從來沒看過使用說明書。我穿著運動褲和睡覺時穿的湯姆‧佩帝T恤。再過不到兩小時，我就再也不會穿這件T恤了——在我被送往急診室的路上，緊急救護技術員會拿一把大剪刀把T恤剪開。

但在這時的我心情很好，就像英國人說的「興高采烈地」要去工作了。我的狀態非常好，走路也很平穩。我發現這裡沒有人會責備我，所以膽子大了起來，稍微加快腳步，只因爲我辦得到。我再走快一點，向右急轉，拐個彎進入廚房。我輕輕碰了一下門框穩住身體，不是想要靠門框支撐，而是爲了保持平衡，然後繼續努力向前走。走進吃早餐的角落三步以後，爲了避開靠牆的長條形軟座，我迅速向左轉——就在這時，一切都亂了套。有樣東西分散了我的注意力，我失去控制，一腳跨過另一隻腳，接著又太突然停下腳步，在磁磚上滑了一下，就摔下去了。

站起來。

不行，我起不來。我先不管想要站起來的衝動，趕緊檢查頭蓋骨有沒有裂開或挫傷、臉部有沒有骨折，或是牙齒有沒有撞斷。沒有流血。起碼我沒有讓頭部重重地撞上地面。我的腦部似乎沒事：沒有頭痛，也不覺得噁心。可是我有點困惑，搞不懂自己怎麼會讓這種事情發生。

沒多久，我就從茫然不知所措變成害怕。我需要人幫忙，但這裡沒半個人。我獨自一人，正像我計畫的那樣，我眞是個天才。我的左手臂肯定骨折了，不是簡單骨折，因爲沒有痛源，只有隱隱作痛，而且很快就變成擴散到四面八方的疼痛。雖然不可能站起來，但我非得想辦法打電話不可。我挪動身體，像蛇一樣爬到牆上的電話前，然後我最擔心的事情發生了：我搆不到電話線。就在我移動右臀大肌好減輕陣陣作痛的左手臂上的壓力時，我感覺到了手機塞在運動褲後面的口袋裡。

我想打電話給崔西，但是我不知道該不該打。她在瑪莎葡萄園島幫不上我的忙，我不想讓她擔心害怕。我不忍心打電話給絲凱勒，我太了解她了，她一定會認爲這是她的責任。這是我捅的婁子，沒有人比妮娜更擅長收拾我的爛攤子。

我撥了電話把她叫醒。「妮娜，打個電話給製片辦公室，告訴他們我今天可能去不了，出問題了。」

她還昏昏欲睡，但很快就理解了問題。「我猜你的症狀發作了，你覺得你的藥沒有發揮作用。」她向我保證：「沒問題的，我們會調整你的藥物。你今天會表現得很好的。」

「不是這樣，我跌倒了。我的手臂好像骨折了。情況糟透了。」

「要命。」妮娜在睡衣外面套上牛仔褲，在接到我電話的幾分鐘內就搭上計程車直奔上城區。

◇◇◇

我充分利用妮娜來我這裡之前的時間，狠狠地責備了自己一頓。我幾乎要哭了。阻止淚水流下的是我針對自己的熊熊怒火。**白癡！你明白自己做了什麼嗎？你把一切都搞砸了。你的手術、健康、復健、大家為你付出的所有時間和精力，該死的，你就這樣全扔掉了。**

我的腦中閃過好多念頭。那電影要怎麼辦？我本來再過幾分鐘就要去片場的。史派克會說什麼？史提方會怎麼做？——在開拍五分鐘前找別人演？這真是一團糟。他們今天不得不停工，這都怪我。全都怪我。崔西和孩子會怎麼想？他們為了我的康復投入了那麼多的愛和關心。崔西為我接受治療的毅力舉杯致詞，現在我可能毀掉了這一切。我怎麼能這麼自私？

我的家人忍受了那麼多的垃圾。他們求我小心注意，我卻一笑置之。我可能對自己造成了永久的傷害，不只是傷了手臂而已，還可能傷到了脊椎。自從我動了重大的背部手術以來，也不過四個月，我就當了笨蛋，拿自己的健康和家人的安全當賭注。

◇◇◇

妮娜來了，發現我還在地板上。「你一直躺在那裡嗎？」她說著彎下腰扶我起來。

「別碰我的左手臂，連『左手臂』這個詞都別說。」

她看著那截扭曲變形、毫無生氣的附屬肢體，皺起眉頭。「看起來怎麼樣？」我問。

她輕輕扶著我的右手臂把我拉到椅子上。「我要打電話叫救護車。」

「不要，」我反對。「別叫救護車。我不想要小題大作。我們搭計程車去醫院。」我換了個姿勢，左手肘輕輕碰到了椅背。我瞬間感受到強烈的劇痛，大概連我母親在加拿大都感應到了。我發出的叫聲非常符合這個情況。

「我要打電話叫救護車。」妮娜再說一次。

現在疼痛愈來愈劇烈，我已經神智不清了。我只記得有兩個長得出奇好看的急救人員出現在我的公寓裡，一男一女，簡直像從迪克・沃夫影集裡走出來的一樣。他們問我需不需要嗎啡。「要，謝謝。」

我的下一個清晰記憶已經是到了那天傍晚我被推出手術室後了。一位還穿著手術服的醫生走近輪床，看著我瞇著的眼睛說：「福克斯先生？」

我慢慢地點了一下頭。**我想是吧。**

「我是賈拉茲醫生，是西奈山醫院的骨外科主任。我剛剛治好了你的手臂。」我努力把注意力集中在她模糊的形體上。「情況很糟嗎？」她微笑著說：「情況是不大好，不過手術很成功。那隻手臂重建以後會很耐用。」她給我看一張令人困惑的照片，看起來像是一個金屬組裝玩具放在肢體裡面。「這是什麼？」

「是你手臂的 X 光片，」她說，「裝上一塊不鏽鋼板和十九顆螺絲釘。」

她說這是肱骨的螺旋骨折，表示手臂在跌倒時遭到扭轉，好像擰溼毛巾一樣，只不過擰的是骨頭和肌肉。從肩膀到手肘都嚴重損傷，醫生小心翼翼地開刀，動用了半磅重的刀具才修復。我之後會發現，肱骨骨折可不是鬧著玩的。

第15章

斷臂與箴言

我在另一間病房醒來，想著昨晚和崔西通話的內容。她已經和醫生談過了，而且妮娜不斷地提供她最新的消息，所以和往常一樣，她比我更清楚我的情況。

「我們會盡快趕回去，」她說。「大家都在收拾行李。我們只是在等明天班機開放幾個座位。」

「不，先別打包，」我跟她說。「我覺得你們應該留下來。你們一整個冬天都期待去葡萄園島，而且這星期剩下的時間天氣應該都很棒。妳媽媽也在那裡。一切都很完美。我不希望我該死的健康危機又害全家人的假期泡湯。請留在那裡開心地玩。我們幾天後見。」

電話那頭的沉默告訴我她還需要我再說服她。

「親愛的，只是手臂骨折而已嘛。」

「是很糟糕的手臂骨折。」她糾正。

「呃，也沒有好好的手臂骨折這回事啊。」我聽見微弱的笑聲。「聽著，有妮娜陪著我，絲凱勒明天會來醫院，申克夫婦也答應會過來看我。我好得很。我愛妳。去海邊玩吧。」

◇◇◇

我睡了八個鐘頭左右，每隔兩小時醒來一次。在這段期間我被針頭扎了又扎，不是換靜脈注射的位置就是抽血。從巴爾的摩的手術到這次這件事，在過去四個月內，我被針戳了無數次，因此曾經非常好找的血管被迫隱藏起來。

一名護理師推開門。「早安，福克斯先生，你感覺怎麼樣？」

「身上多了好多洞。」

「我帶了東西來給你。」

嗎啡後遺症讓我變得傻乎乎的。「血壓計耶。我一直想要有一個。」

她舉起一本雜誌。

「不好意思，我沒戴眼睛看不清楚。」她把雜誌拿近一點，是《時人》雜誌。封面上印著：「米高‧福克斯與崔西‧波倫。我們三十年來的愛情故事。」我非常感興趣。七月時，我們接受了朋友傑西‧卡格爾的採訪，還拍了一組照片。我們甚至偷偷把葛斯放進幾張照片裡。如今在這樣的環境裡第一次看到成品感覺很奇怪。那屬於另一種生活、不同的世界，在那個世界裡崔西和我是名人，擁有「好萊塢婚姻」。事實上，我們住在紐約，而我們在洛杉磯的時候，也不會走到好萊塢附近的任何地方。我們甚至沒有去看我在人行道上的星星（如果有興趣的話，我的星星是在好萊塢大道上，介於拉布雷亞大道和高地大道之間。）

此刻我完全沒有夢幻的感覺。這不是好萊塢的時刻，這也不是我最新的角色（是的話，我要解雇我的經紀人）。那個從光滑的雜誌封面上往外看、光鮮亮麗的幸福的人，和這個受傷躺在病床上而不是走在紅地毯上的五十七歲笨豬，竟然同時存在，實在是不可思議。

護理師把雜誌放在床頭櫃上後就開始做她的例行工作，動作因爲經常重複所以非常的熟練快速。她拿著手臂式血壓計向我走過來，再用額溫槍在我額頭上掃了一下。在我手臂上的壓脈帶勒得愈來愈緊時，我問她：「我什麼時候可以出院？」

機器的壓力達到最大後發出呼哧的一聲，然後鬆開我的手臂。「你起碼還要再住一個晚上。」

「手臂骨折要住兩個晚上？」

她在我的病歷卡上潦草地寫了些什麼，然後回答說：「我相信早餐後醫生過來時會跟你說明治療計畫。」護理師轉身準備離開。「對食物有什麼特別的要求嗎？」

「能吃的就行了。謝謝妳拿雜誌來。」我說。

「喔，那是我的。請你在出院前幫我簽個名好嗎？」

「當然好，沒問題。」我瞄了雜誌一眼。我們的結婚三十週年紀念日是在一個月前。我們慶祝了一下，但並沒有非常在意那個數字，雖然我們暗自佩服自己能夠走到這麼遠。有趣又有點諷刺的是，當初我們在佛蒙特州一間鄉村小旅館當著親朋好友的面結婚時，《時人》雜誌嚴厲批評了我們的婚禮，因為我們拒絕了雜誌和所有其他媒體的採訪。三十年前還沒有社群媒體、IG、推特、臉書，我們合理地認為，我們應該可以只讓在那個房間裡的人體驗我們的婚禮。由於我們拒絕把這私人的時刻變成公開活動，他們受到挫折，所以就用婚禮場地外面的混亂——圍觀的群眾、攝影師、上空嗡嗡作響的直升機——做出推斷：我們那一整天都是個大失敗，包括儀式本身和之後的慶祝活動（全都是清晰而珍貴的回憶）。他們說那是場徹頭徹尾的災難，**簡直就是地獄婚禮**。

我們的婚姻被看衰。

我們會把三十週年的這一期當成更正啟事。

◇◇◇

沒多久，就有一碗燕麥粥加特大葡萄乾還有像糖漿一樣的蘋果汁被端到我面前。我不知道該從哪裡下手。「謝謝，我晚點再吃。」我對醫務人員說謊。我的傻氣漸漸被一種輕微但愈來愈強烈的不祥預感所取代。我很不安。有什麼東西改變了，只是我還不清楚是什麼。

我把葡萄乾從黏糊糊的粥裡挑出來，算是吃完了早餐。彷彿收到信號似的，賈拉茲醫生和一名副手大步走進來，妮娜跟在旁邊。醫生重新自我介紹。「早安，我叫麗莎・賈拉茲。你可能不記得昨天見過我……」

出人意料的是，我竟然認得她是負責開刀的骨外科醫生。「妳給我看了一張什麼的照片，一張X光片。」

「沒錯。我用電子郵件寄給妮娜了，你們可以存檔，當成紀念品。」

「我收到了，」妮娜說。然後對我說：「眞是嚇死人了。」

賈拉茲醫生繼續說：「我跟西奧多醫生談過了。」

「他知道發生什麼事了？」

妮娜說：「昨天我們一到急診室我就打電話給他，好讓他可以和這裡的醫生聯繫。」

「我檢查了動脊椎手術的部位，」賈拉茲醫生說，「並且告訴西奧多醫生，我沒看到切口有受到創傷或損傷的跡象。傷口癒合得很好，所以我們兩人都相信那不是因素。」

「那麼，基本上來說，我的背沒問題，對吧？」

「你的脊椎沒事，」賈拉茲醫生回答。「而且你的骨頭強壯，就像二十五歲的年輕人一樣。不過撞擊的力道很強。像你這樣的螺旋骨折需要時間癒合，通常需要四到六個星期。我們會和約翰・霍普金斯醫院的人協調復健工作，好處理兩邊的問題。今天晚點會有個物理治療師來你的病房，說明你需要做的所有事情。請你務必認眞遵從指示。」

該死。又要做更多的復健治療。我會需要不斷地復健再復健。

她朝門口走去。「我明天會再過來。」

「看來我得待在這裡了，」我興致缺缺地說。

妮娜拿出手機。「哦，趁我還沒忘，我打過電話給你在加拿大的哥哥史蒂夫了。我請他打電話給你媽媽，告訴她你沒事。你應該發簡訊給她，但我不會把這放進去……」

妮娜點開手機，找出賈拉茲醫生寄的影像，然後把螢幕轉向我。

「天啊，好可怕。」我附和。

「很嚇人，對吧？」

一張幽靈似的灰黑色影像，像骸骨一樣的手臂，沿著骨頭上下有好多處骨折，好像閃電如手指一般的分岔。如果不是因爲那些鋼釘還有把肱骨固定在肩膀上的鋼板，那根骨頭應該會碎成上千片。「還有看看這個！」她給我看手機上的另一張影像。這張更令人毛骨悚然、鮮明又清晰。我的第一個印象是肉。這是一張色彩生動逼真的外觀照片：我腫脹、瘀青的左手臂上有一道很長、邊緣參差不齊、難看的切口，之後被一層層的繃帶和醫用透氣膠帶包紮起來，隱藏在吊腕帶裡面。

我手臂的傷會帶來不好的後果。賈拉茲醫生後來告訴我，光是骨外科手術的壓力就會讓我變得虛弱。我會失去平衡，必須重新開始學走路，準備學習一套不同的技能來迎接一連串新的挑戰。訓練又要從頭再來一次。

我不打算找另一個健康問題，問題卻找上我。所以現在我要同時應付帕金森氏症、脊椎毛病，和一隻折斷的手臂。

每張照片都有故事

「對不起，我應該留下來的。」絲凱勒說。

我在廚房地板上打滾的那絕望的幾分鐘裡，我知道絲凱勒會有沉重的內疚感，她的同情心不只是在家裡，在學校和同事之間也都是出了名的。

「不要跟我說就算我在場事情也是會發生。」她堅持。

「本來就是這樣。」我反駁。

「才不是呢，只要我在場，時機就會不一樣。」

我在醫院的椅子上坐下來，叫絲凱勒坐在我對面的床尾上。爲了避免沒完沒了地重複講蝴蝶效應，我肯定地對她說：「那就會發生別的事。我可能會忘了關烤箱，或者在浴室絆一跤，碰到洗手臺撞破頭。總會有事情發生。」

她重重地往後倒在床上瞪著天花板，長髮披散在醫院床單上。「老拔，我還在想你在巴爾的摩經歷的事，那讓人非常焦慮。我想幫你卻幫不上忙，我有強烈的無力感。」她從床墊上抬起頭來。

「我知道如果星期天晚上我留下來陪你，我就能做點什麼。」

我聽著小凱說話，發現她是從主修心理學的角度在看待巴爾的摩的情況。她每天都在處理情緒問題，所以她相當了解她所看到的情況。不過更重要的是，我是她爸爸，在巴爾的摩和這次的意外中，她的反應都不是很客觀而是發自內心的，她只是想要保護我。

「絲凱勒，妳不能把這責任往自己身上攬。要我說實話嗎？我覺得我永遠不會百分之百的安全。要是我搞砸了，那是我自己的錯。我了解妳的感受，但我向妳發誓，這跟妳在不在場完全沒有關係。」

我在她臉上看到懷疑。我突然想到我不該向崔西保證不會有事，因爲絲凱勒跟我一起回家。我爲了讓崔西不要擔心我回紐約，竟然利用絲凱勒當作掩護，事實上我一心想要成爲獨立先生。

我站起來走到女兒面前。

「聽著，」我說。「我很感激妳本能地想要留下來照顧我，因爲妳知道我走得太快，很容易失控。但我絕對不應該讓妳站在必須保護我的立場。這是我的責任，不是妳的。」

我的手機收到一封簡訊，發出叮的一聲。「寇帝斯、卡洛琳和艾莉正要過來，」

我告訴小凱。「他們帶了食物。」我看著她的眼睛。「我們沒事了吧？」她笑著對我微微地豎起拇指。她很努力了，這個貼心的手勢可能帶了點諷刺的意味，但她是認真的。

「我也豎起了拇指，」我說。「只是妳看不到。」

◇◇◇

我們的好朋友兼旅伴申克一家緩和了氣氛也解救了我，讓我不必吃醫院廚房準備的晚餐。他們帶來豐盛的野餐，有義大利麵、帕馬森起司烤雞排、披薩番茄醬汁牛排，和卡布里沙拉。卡洛琳從保冷袋中拿出一打聖安布魯斯義大利冰淇淋，非常的濃郁美味。我們大口吃著冰淇淋，兩個女孩則在一旁逗我們開心，跟著小凱的 iPhone 喇叭播放的史蒂夫・溫伍德的歌聲唱歌，拿著我的拐杖跳鬼步舞。妮娜在冷凍庫找到空間放剩下的冰淇淋，希望不是跟血漿冰在一起。

寇帝斯雖然年紀和我一樣，而且身體非常健康，但在其他方面，他自己也有點像一台出過許多事故的火車殘骸：從自行車的把手上方翻過去、摔斷了兩條手臂；從淋浴間走出來時摔倒、撞掉了門牙；跟他十幾歲的兒子打網球、撕裂了阿基里斯腱。還不止這些，但光是這些就足以讓我覺得好受許多。他沒問我的手臂是怎麼骨折的，因爲他知道有時候就是會碰上這種狗屁事。

通常冰淇淋和跳舞可以讓我保持清醒，但我很快就沒電了，他們看我的臉就知道。他們準備離開時，我說：「嘿，我要給你們看樣東西。」我拿起我的 iPhone，找出賈拉茲醫生寄的影像。他們全都睜大了眼睛。

我們可以把自己個人的疾病或生活中的重大問題說給別人聽，但很少可以用鑑識結果來證實自己的話。這就是那兩張影像的作用。我不必向別人解釋，或努力讓人體會我的感受。接下來的幾個星期，我會拿我的 X 光片給朋友、家人、醫院員工、隨便一個路人等所有人看，然後再加碼給他們看我這科學怪人似的手臂的全彩照片，上面有十八英吋長的疤痕。就像那種會變爛魔術的叔叔一樣，這招成了我的標誌。看過這些內部和外部的影像，別人就不必猜測我哪裡出問題了。

這種忍不住分享X光片的行為其實跟我的手臂一點關係也沒有。那是因為我的帕金森氏症。

儘管我很想，但我沒辦法用一、兩張圖片來概括帕金森氏症的症狀。我無法拿出X光片，也沒辦法指給人看帕金森氏症造成的傷害。我沒有照片可以證明細胞死亡或神經細胞無法正常運作。這種把我的內部發生了什麼事親自秀給別人看的做法，揭露了一種我之前始終無法滿足的欲望。

現在遇到這種可以用一張圖片解釋的情況，我如釋重負。

無獨有偶的是，米高・福克斯基金會正在努力解決這種令人沮喪的困境。對於帕金森氏症，我們擁有唯一的X光片就是患者，還有延伸的帕金森氏症病友社群。我們發現患者彼此見面時，談話多半都是針對症狀和考驗交換意見，努力用不同方法驗證從彼此那裡得到的訊息。受到這現象的啟發，基金會推出了一個名叫「福克斯洞察力」的線上計畫，提供患者分享自己生活經驗的平臺，這是表達我們的感受、賦予這疾病人形的工具。米高・福克斯基金會也把這些寶貴的資料提供給研究帕金森氏症的科學家。

這個計畫激發了病友社群的熱情，到目前爲止已經有五萬人參與。我們相信「福克斯洞察力」持續累積的成果將會幫助大家不只看到帕金森氏症的縮影，也看見我們正在努力發展的全貌。

X光片可以說明傷勢，也可以提供修復的證據。每個跟帕金森氏症長期對抗的人都想要找出自己手機裡的那張照片。

真心後悔

今天要出院了，我莫名其妙地感到心情低落。妮娜幫我處理出院的所有細節。我的老朋友貝琳達陪著我們，她會幫忙我搬回家。這次住院原本應該比在巴爾的摩輕鬆。我離家只有幾條街，因爲距離非常近，家人朋友都可以順便過來探望：小凱就不用說了、喬治與哈蘭、治療師威爾、我所有的醫師、申克一家。但他們大家給予我的愛和關心愈多，我就愈發開始感到疏離。

我的身體沒有問題，症狀並不嚴重，手臂也不痛了。但我情緒消沉，好像缺了什麼。眼前我要面對一場戰鬥，卻完全不知道自己需要什麼武器。除此之外，我還感到內疚，滿腦子都是我辜負的那些人的臉孔和名字。蝴蝶效應眞的存在：一件小事、一樁微不足道的小意外，就可能對未來產生廣泛的影響。一個粗心大意地轉彎走進門就改變了一切；爲了分散跌倒的衝擊力用手臂支撐，結果影響了無數人的生活。電影裡的那場戲無法拍攝。假期不得不提前結束。無數個小時的物理治療全都白費了。

而這個影響還在擴大。

◇◇◇

我們回到家了。妮娜打開空蕩蕩的公寓門。貝琳達慢慢推著我從走廊走向書房。

經過廚房門的時候，我避免望向犯罪現場。妮娜跟在後面，我請她打電話給西奧多醫生。

我用力吞了一口口水。「嘿，醫生。」我說。

他親切地說：「嘿，米克。」然後問我感覺怎麼樣。我沒聽清楚他說什麼、口氣如何，我直接承認自己錯了並且道歉。

「我搞砸了，非常對不起。」

他寬宏大量地提醒我那是意外，意外難免會發生。對，發生很多次了。他確定我的脊椎沒有受到損傷。「但你確實弄傷了手臂，」他並沒有粉飾接下來的情況。「這狀況會很困難，會讓你退步一點。因爲手臂掛在吊腕帶上，你的身體會失去平衡。你得花點時間才能再走路。不過耐心接受治療，你會成功的。」

我再往輪椅裡坐得更深一點，小心翼翼地調整該死的吊腕帶。

西奧多醫生繼續說：「我建議崔西再找二十四小時的看護陪你。這次應該不需要那麼久，不過要一直到你在手臂無法使用的情況下能夠安全地走動爲止。還有你絕對不能摔倒。我不擔心你的脊椎，現在你的脊椎已經完全癒合，不容易受傷，不過身上有很多部位可能折斷，你不會想要折斷任何一個部位。」

我呆掉了。他要我找「二十四小時的看護」。

◇◇◇

不過兩天前，我才在同一個房間醒來，感覺自己重獲自由。好幾個月來頭一次，沒有人在我身邊守候、看顧、預先考慮到我的需求、指點我的行爲。我終於脫離了令人窒息的監視。後來我看了一部娛樂時間電視網的影集《監慾風雲》，讓我想起了這種感受。這是眞實故事：兩名囚犯想要逃離紐約州北部的監獄。班尼西歐．岱．托羅和保羅．達諾偷偷溜出各自的牢房，在幾層樓底下的下層地下室會合。他們暗中計畫利用汙水道來獲得自由。那裡一片漆黑而且安靜得可怕。他們互相看著對方。班尼西歐問保羅他在監獄裡待了多久。他回答：「十四年。」班尼西歐指出，這是十四年來頭一次沒有人知道他到底在哪裡。

我可以理解。這是很長一段時間以來第一次沒有人在我身邊或是看著我。我想我回答了那個永恆的問題：**如果米克在廚房跌倒了，沒有人看到，他還會摔斷手臂嗎？**

倒不是我想傷害自己，而是我不夠盡力保護自己。這是狂妄，是毫無限制的高傲。大家都知道高傲會導致什麼後果……

其實大家也未必知道。這句箴言的確切用詞是：**高傲導致毀滅，狂妄讓人摔跤。**骨折雖然悲慘，但我不會說這是毀滅，儘管我的驕傲似乎確實以狂妄的方式呈現。這是《聖經》中的說法，形容的是賣弄。

◇◇◇

和預期相反的是，帕金森氏症跟脊椎上的腫瘤反而比手臂骨折來得容易接受。前兩個問題已經存在了很多年，它們鬼鬼祟祟地潛伏著，悄悄接近我，而手臂危機是瞬間爆發的大災難。

我對這災難的餘波完全沒有心理準備，因此心情很不愉快。儘管我有那麼多健康問題，但我認爲我從來沒有充分了解很多受病痛折磨的人所體驗到的憂鬱和邊緣化。用痛苦指數來衡量的話，與世界上很多人的痛苦艱辛比起來，我所遭受的苦難總和幾乎是微不足道。他們的負擔沉重到我甚至無法想像的程度：孩子夭折、失去自由、被逐出家園或祖國。悲傷永無止境。

但我們都只能過自己的生活。在我生命中的此時此刻，我需要面對的問題多得讓我窮於應付。我處在新的境地，有了新的想法。我想到我糟糕透頂的平衡感還有其他的一切，這對我來說是非常大的挫折。現在太多爛檸檬接二連三地朝我砸過來，我哪來的心情去做什麼檸檬汁。就像多年前崔西發現我在沙發上喝得爛醉時一樣，我受夠了。我厭惡自己、厭倦這整個情況。

雖然過去在公開場合和私底下曾經做到很多次，但此時我已無法振作起來化危機爲轉機。積極樂觀是一種心態，人可以靠努力達到，但我現在就是達不到。

我是不是把樂觀主義過度吹噓成了靈丹妙藥、把希望當成了商品？身爲帕金森氏症病友社群的代理人，我誠實嗎？我和帕金森氏症達成的共識是眞誠的，但表達時卻有可能太油嘴滑舌了。我和這個病已經能夠和平相處，我可能因此認定別人也一樣。在告訴其他患者「不要氣餒！會好起來的！」時，我是不是期望他們能證實我的樂觀想法沒錯？是不是因爲我自己也需要相信眞的會好起來？事情不一定都會好轉，有時候情況會變得很糟糕。我必須告訴大家全部的事實。

我因此來到了一個轉折點。在接下來的幾個月裡，我感覺到自己的世界觀起了變化，很繼續難相信自己多年來一直支持的想法。難道我已經快要走到無法妥協或安慰的地步了嗎？

我的樂觀主義突然遇到了極限。

第16章
居家安全

一切又重新開始：同樣的事，只是有些許不同。我們雇了新的看護，醫生向我保證他們在我家工作的期限不會像上次那麼長。克萊拉是我白天的看護，顯露出愛爾蘭人和藹可親的性格，但還是嚴格地按照規定做事。夜間接班的是布麗姬，我一眼就看得出來她是個很有個性的人，但她工作時還是非常專注、警覺。她們究竟覺得我是手臂骨折的帕金森氏症患者，還是像我自己認爲的那樣，是個手臂骨折的傢伙，只是剛好患了帕金森氏症呢？不管怎樣，她們的命令都是：不許有任何可能導致跌倒的危險行爲。這回，我從頭到尾都按計畫行事。我對後果有了慘痛的新體認，所以願意接受別人要求我採取的任何預防措施。

我的家族血統可以說是英格蘭／愛爾蘭裔的加拿大人。我出生在貝爾法斯特的外婆對我的人生有很大的影響，所以新看護的愛爾蘭口音讓我在情感上覺得很親近。克萊拉的音量稍微大了一、兩個分貝，她每天喊「米高，早安！」的聲音都穿過門板，沿著走廊傳到每一個房間，叫醒屋子裡的每一個人。她非常適合「叫人起床」的白天工作。布麗姬說話比較輕柔。兩位女士都來自高威，不過口音有一點點不同。如果說克萊拉的口音像唱歌，布麗姬的口音則是尖銳急促，在最後一個音節的尾巴會切斷再上揚，好像一直半信半疑的樣子。我如果把腳從床上移到地板上，卻沒有表達出明顯的目的，布麗姬就會立刻反應：「你要去哪裡？」感覺好像穿越時空聽到了外婆的聲音。這時我會把腳放回床上，咕噥著說：「哪裡也不去。」也許我是同時在回應她們兩人。

對於夜班護理師來說，不睡覺是職責的一部分。但由於布麗姬需要注意的行動很少，所以在我睡不著的晚上，我就會打開電視，找些我們兩人都喜歡的節目。其中一個我們非常愛的節目是《英國烘焙大賽》，我們可以一邊看一邊閒聊，而布麗姬非常會聊天。

我們輪流講故事，布麗姬的故事總是比我的長而且刺激。我給她看了我的露骨照片，就是那張有金屬板子和螺絲釘、臭名昭彰的X光片，結果她告訴我在她小時候他們是怎麼處理四肢骨折的。「我們會去請接骨師來。」由於當地沒有醫生，接骨師——其實是修補匠——會推著裝了一套器具的小車出現，治療村民可能受到的任何骨頭創傷。

「抱歉，布麗姬，但妳說的接骨師聽起來有點野蠻。」

「才不會呢，」她抗議。「他通常都接得很棒。不過偶爾也會搞得慘不忍睹。」

當她看見鄰居一瘸一拐地走過馬路，馬上就知道是誰的傑作。

有時候話題會轉到旅行。布麗姬遺憾地說她從來沒去過別的國家或州，只有往返都柏林和紐約幾十次。她很渴望旅行，有種陷在泥淖中的感覺。我的身體和最近心理上的健康問題讓我也有類似的感覺。我渴望擺脫這個醫療的白老鼠實驗箱。「那麼，」我問布麗姬，「假如妳可以去地球上的任何一個地方，妳會去哪裡？妳夢想去哪裡？」

她閉上眼睛，帶著嚮往的微笑說：「大峽谷。」

我心裡想，**噢，是大峽谷啊，很棒的選擇。美麗、不可思議，邊緣有點可怕。**

二十年前，我曾經和山姆在一次父子倆橫跨全國的旅行中去過大峽谷。有天下午，我們坐在步道起點看著遊客漫步到谷底，完全沒有爲上來時要在亞利桑那州大白天炎熱的太陽下爬上長長一段路做好準備：沒戴帽子，也沒帶水壺。有些人甚至拿著蛋捲冰淇淋。

「去大峽谷吧，那裡棒極了。帶妳的孩子還有丈夫去。」**還有要帶上帽子、補充水分，至於冰淇淋就別吃了。**

「不了，」她搖搖頭回答。「他們不會去的。孩子大了，而我男人喜歡待在家裡。」

「那妳該去啊。」

雖然我鼓勵布麗姬去追求她的幸福，但現在我唯一能踏上的旅程就是在腦海裡，大多數都是到我去過的地方：泰國、印度，尤其是不丹。我甚至打消了考慮未來旅行的念頭。崔西一直提非洲，但我不確定我是否還能再旅行。有這麼多的未知數，實在很難有什麼嚮往。而且不只是旅行——家庭活動、日常生活、一年幾次的演出也一樣。我就是不知道會怎樣。

◇◇◇

我的困境不是抽象的也不是哲學上的，而是眞實的。有時候我走路會搖搖晃晃，可能看起來好像快要摔倒了，但就只是搖晃而已。我是在尋找平衡，我的大腦和身體正在合力校正。但別人就是會不由自主，他們對任何異常的動作都會做出原始反應。要是我的腳趾勾到地毯絆了一跤，馬上就會有人大喊：「小心！」**我已經很小心了，而且反正現在小心也來不及了**。他們的勸告都是出於好意，但我覺得有點丟臉，好像我的目標是絆倒摔斷另一隻手臂似的。這讓我有種「這是我自己造成的嗎？」的罪惡感，也就是我被診斷出帕金森氏症後一直在努力克服的那種內疚。

那種羞愧的感覺又找上我了。

此時此刻，我究竟希望自己的世界怎麼樣？接工作，不會引發意外或是火警。跨過門檻轉彎，不製造任何戲劇性的場面。在走廊上聽到艾思梅的聲音就走到她身邊去，不會搞得驚天動地。想吃冰棒就去拿冰棒，不必等別人拿給我。

◇◇◇

幾個星期過去了。我的狀況已經夠穩定，不需要居家看護也能活動。她們和之前的看護並沒有太大的區別，但這兩位愛爾蘭女士有些特質，讓我捨不得向她們道別。她們讓這次的休養沒那麼難熬。在她們走出門的途中，我送出了禮物。給克萊拉的是一瓶愛爾蘭威士忌；給布麗姬的是我所能找到最碩大無朋的大峽谷大開本精裝畫冊。

身心要兼顧

手臂骨折癒合得相對較快，尤其因爲接骨師是賈拉茲醫生。脊椎的傷需要一段時間才能治癒；帕金森氏症則根本無法治好。和往常一樣，我的注意力都集中在身體的問題上。經過物理治療，我的身體好多了，但我卻沒有覺得比較舒暢。我的精神狀態落後了。摔得這麼慘加上手臂骨折，讓我陷入半神遊的狀態。

如今，隨著秋天到來，我必須慢慢回歸自己的生活。是時候了，我應該要更清楚了解自己的處境。

我儘量不要變得太「新時代」。我不會說任何事情發生「必有其意義」。但我確實認爲，事情愈是出乎意料，值得從中學習的東西就愈多。以我的情況而言，我必須檢視自己不願面對的事實：**明明六個星期前我還坐著輪椅，為什麼我會蹦蹦跳跳地從走廊走進廚房，一副沒事的樣子？**我的態度漫不經心，正符合我的樂觀主義。我預期一切都會順順利利，而且有一些過去的結果可以證實。但過去也曾經有過失敗，我現在才發現我並沒有同等重視那些失敗的經驗。

顯然，我需要重新調整自己接受命運的心態。有一種強烈的直覺、一個內心的聲音在告訴我：**不要浪費這個機會，別搞砸了。**多年來，我的身體一直占用了我全部的心力。現在應該要認眞思考我的心理問題了。

第 17 章

心理戰術

藝術家兼社運人士安娜・迪維爾・史密斯說自己是「永遠抱著希望的人」。下次開會給我留個座位吧：**我叫米高，我是個樂觀主義者**。但說眞的，如過樂觀主義是我的信念，我恐怕正在失去信仰。

這對我來說是一種新的思考方式。一個人可能同時樂觀又務實嗎？還是說，這兩個加起來就成了堅忍？倒不是說我裝出勇敢的樣子，也不是說我很勇敢。我並不是英雄。當然，我經歷過一些嚴峻的考驗、一些艱難的時期。但我總是能夠接受生命的安排，且到目前爲止，我都覺得這些安排還可以接受。從前無論發生什麼事我都能承擔，無論如何我都勇往直前。但如今，我努力想搞懂這一切的意義，最後卻覺得心如死灰。我麻木了、累了。樂觀主義這種心態已經救不了我。

我生命中很多重要的事都是從我的樂觀發展出來的：開始走上演員這條路、結婚、生子。另一個例子是，研究帕金森氏症的米高・福克斯基金會曾經只是一個充滿希望的主意，一個我們渴望實現的願景。我們沒有懷疑過會不會成功，我們只是相信這主意一定會成功。我們沒有勉強把我們的願景套進現有的範本裡，而是讓願景自己慢慢發展，在神經研究領域裡尋找合宜的小環境和裂縫，重新想像沒有帕金森氏症的世界會是什麼樣子。在良善立意的驅使下，我們幾個從一開始就在基金會裡的人經常提起這個計畫的準則：**動機純正**。找出方法減輕症狀、阻止病情惡化、發現治癒方法、解決帕金森氏症。

樂觀主義加上理想主義，再以務實作風調和。爲了成功，我們必須在抱持希望背後付出大量的時間和精力。

這種程度的正面思考以前是我的特色，所有的事情都設想成最佳狀況。那麼爲什麼一隻手臂骨折會打亂了我所有的座標？本來應該是我最微小的問題卻變得比其他所有問題都重大。究竟是什麼扭曲了刻度尺？我的手臂已經脫離吊腕帶好幾個星期，但我的心情還是非常低落。

我感覺：**已經夠了！**我沒辦法只是在上面蓋個快樂的笑臉，然後就丟進寄件箱。這樣緊迫的情況需要靈活的思路，但是我的腦袋一片混亂。我進入了一段無所事事的時期。這段時間本可用來尋找答案，但我選擇了暫停。

最後，我會採納我朋友喬治・史蒂芬諾普洛斯的建議，嘗試超覺靜坐。不過短期之內，電視勝過了超覺靜坐。

但還是先逃避吧

「有時超前，有時落後。」在拉爾夫・艾里森的《看不見的人》裡，他這樣描述要跟著路易・阿姆斯壯唱片中複雜的爵士樂節拍有多困難。這就是我對家庭時光的感受。我沒辦法每次都跟著他們到他們去的地方。我參與他們活動的時間不是那麼規律。我想成爲他們的同伴而不是責任，或是更糟的——累贅。我只要出席，就會出現一個不安的因素，可能徹底改變他們的體驗，因此我會挑選時機：什麼時候加入，什麼時候留在家裡。

我試圖讓獨處的時間過得很有意義——看書、處理基金會的事和其他與工作相關的計畫、回覆還沒有回的電子郵件。否則……我會被捲入有線電視、蘋果電視和各種串流平臺的漩渦裡。但我往往選擇電視。這是輕鬆又讓人得到安慰的逃避，不需要投入，甚至不用全神貫注。更重要的是，我不需要移動。我一次也沒有從長沙發摔下去過。

至於我的收視偏好，通常我會把遙控器設定在微軟國家廣播公司（MSNBC）的新聞節目（我發現瑞秋・梅道比我聰明）和娛樂體育節目電視網（ESPN）（不管是誰在跑、跳、溜冰，或扔球）之間轉來轉去。等我看膩了這類節目，遙控器就會帶我到頻道列表最偏遠的角落，尋找可以打發時間的節目。

我現在狂看電視的習慣反映了我的心理狀態。亨特・S・湯普森說過：「當形勢變得奇怪時，怪人就會成爲專家。」在閉門不出的期間，我發現了專業怪人的寶庫，從 BUZZR 數位廣播電視網開始，這電視臺專門播放古老經典的遊戲節目。用這種方式塡補播放時間肯定很便宜，因爲大多數參加節目的人都已經過世，我想他們的繼承人不會拿到很多的重播費。已故的史蒂夫・艾倫在《猜猜我的職業？》裡發明了「比麵包盒大嗎？」這個問題。已故的理查・道森在最早的《家庭問答》裡親吻陌生人。吉恩・雷本（已故）在《匹配遊戲》中問一些語意雙關的假設性問題，提到像「傻瓜朶拉」和「胖子佛雷迪」之類的人物。這些節目雖然聽起來很白癡，但若當成消遣，這些節目很有價值。只要我們同意這些東西很荒謬，那麼荒謬也可以很精采。

我也看一些比較勇猛的荒誕節目。我經常轉到英雄偶像電視網，他們收藏了一堆在我出生前不久播出的老西部電視劇。我爸以前都說那是「馬劇」或「燕麥劇」。如今這些片子黑白清晰的壯麗畫面在我家七十五英吋的大螢幕上奔馳。

清晨，只要我醒來，帕金森氏症就會讓我無法再入睡，抖得無法休息。我打開我的平板好朋友，看得入迷、陷入恍惚狀態。牛仔競技表演在清晨五點開始，先播克林特・沃克的《夏安》，然後六點是《超級王牌》。接著是砰！砰！連播兩集由史提夫・麥昆主演的《西部追緝令》，一集半小時。我媽說她準備生我的時候正在看這部西部電視劇，她一直到看完那集才肯去醫院。媽，妳眞厲害。八點半：《槍手生涯》，還有迷人的主題曲〈帕拉丁之歌〉。

這些艾森豪總統時代的老節目讓人想起了舊時光。這點可能是正面的也可能是負面的，因爲雖然內容很有趣、很有娛樂效果，但也可能在政治上非常不正確。最重要的是，我發現這些節目可以分散注意力，讓我暫時不會注意到自己身體上的不適，就像催眠師手裡搖來擺去的金表。

看，我上電視了

我不只是旁邊的觀衆而已。雖然我後來才進入這個圈子，但我在電視史搖擺的弧線上也占了自己的一席之地，飾演艾力克斯・基頓，一個精力充沛、非常崇拜隆納・雷根的年輕共和黨黨員。《天才家庭》就像我最近看的那些節目一樣，完完全全是那個時代的產物。偶爾，我們會深入了解國家的時代思想趨勢，討論一些比較嚴重的問題（濫用藥物、青少年自殺、婚姻問題），但一想到國家廣播公司（NBC）的節目主持人可能會宣傳這是「非常特別的一集」，我們就覺得尷尬。我們認為觀眾會自己決定什麼特別、什麼不特別。我們只是很驚訝每個星期有這麼多影迷收看。

事實上，隆納・雷根總統就是忠實觀眾。這位曾經演過西部電視劇的明星（《死亡谷時光》）聲稱《天才家庭》是他最愛的節目，大概是因為艾利克斯這個角色狂熱地崇拜雷根吧。有一天我們的執行製作人蓋瑞・高伯格接到白宮打來的電話：新聞辦公室正在嘗試說服雷根總統上節目。如果這樣，那眞的會是「非常特別的一集」。不過蓋瑞、編劇和我一致認為，總統如果要在節目中當特別嘉賓，他就必須：參加星期一早上的劇本朗讀、整個星期的排練、星期四的畫面走位、星期五晚上的演出，還要在攝影棚觀眾面前現場錄製、謝幕接受歡呼，深夜還要補拍鏡頭。結果證明，我們並沒有那麼特別。

這個過程——預覽當週的劇本，完成基礎工作，開始在片場裡安排各場戲的走位，展開故事、刺激編劇把劇情寫得更緊湊、更有笑點，鎖定運鏡方式，最後把結果呈現給觀衆——就是樂觀精神發揮作用的絕佳範例。不論這一星期的情節如何展開，都無疑會是我們目前爲止最好笑的一集。我們設定的目標始終都是：**只要好笑就好**。

那些和我們一起長大的觀衆現在已經四、五十歲了。那種「嬉皮時代的父母和雅痞時代的孩子」的劇情現在很難引起觀衆的共鳴。現在的觀衆幾乎不記得歐巴馬總統，更別提雷根或尼克森總統了。但我希望二〇二〇年代的年輕觀衆也能在偶然間看到俄亥俄州哥倫布市的艾力克斯・基頓和基頓一家，也能哈哈大笑——如果他們沒有太不專心的話。

雷根歸來

跟艾力克斯・基頓不同的是，我的政治觀點和隆納・雷根的相差很遠，但他還是變成了我人生和職涯中有點分量的人物。除了他很喜歡《天才家庭》之外，他也是《回到未來》裡一段非常好笑的對話中的主題：

博士

好吧，未來小子，那你告訴我一九八五年的美國總統是誰？

馬蒂

隆納・雷根。

博士

隆納・雷根？那個演員？那副總統是誰？傑瑞・路易斯嗎？

一九八六年，隆納・雷根邀請我參加白宮的國宴。我支持的是民主黨，所以有些猶豫，但後來我還是考慮了一陣子。雖然現在這麼說很諷刺，但我對總統這個職位還是很尊敬的。我認爲收到邀請非常榮幸。事實證明，他是一位和藹可親、熱情好客的主人。

很多年以後，南西・雷根甚至加入我們的基金會，在幹細胞的爭議中站在支持科學的一方。這並不是保守派的立場，所以有點出人意料。人不見得都是像表面宣傳的那樣。

但廣告商都很清楚他們的目標是什麼人。我們看的節目反映出我們是什麼樣的人，而在我們喜愛的節目中插播的廣告會揭露這一點。我打開美式足球比賽，廣告就會向我推銷啤酒和卡車；轉到 MTV 音樂頻道就會進入保險套和可麗瑩抗痘產品的世界。在我目前感興趣的奇特電視節目裡充斥的廣告，既不是推銷咖啡，也不是汽車或漢堡王，而是針對老年人的產品。開門式浴缸、橡實樓梯升降椅、以房養老的反向抵押貸款、攜帶型氧氣裝置，還有——聽好了——幾乎無痛的導尿管，以及一直都很受歡迎的成人尿布。**噢，我的天啊，我已經屬於這個年齡族群了嗎？**從現在起，我可以期待早鳥優惠的晚餐和電影優待票了。當然，我喜歡偶爾打個盹，但我可還沒準備好一睡不醒。

也許我只是跨立在一片虛空之上。我可能是唯一一個在同一年登上《滾石》雜誌封面和《樂齡會宜居指南》的人。畢竟，我已經快五十八歲了，那是患者被診斷出帕金森氏症的平均年齡，所以按照這個標準，我已經五十八歲二十九年了，這樣算來我已經八十七歲了。

這就是爲什麼我的大腦不靈光。

我提早了十年過上退休生活。我的世界在縮小，而不是在擴大。從時空的角度來看，我離出口比入口來得近。

我看老電視節目看得那麼入迷和一個事實有關，那就是我可以決定什麼時候進入那個世界，而不是活在當下。我溜進另一個現實當中。那是無數次時空旅行中的一次

——前往一個我出生之前的世界。在那裡，我的時間還沒開始，因此也就還沒開始準備結束。而且就像那些老節目裡的演員一樣，總有一天我也會活在重播中。

第18章

馬里蘭，我的馬里蘭

小雨，交通繁忙。從巴爾的摩回紐約的車程預計要四個鐘頭，我們已經開了快兩個小時了。和今早從紐約到巴爾的摩的時候一樣，休旅車由妮娜駕駛。打從好幾個月前，這一天就在日曆上用紅筆圈了起來：西奧多醫生安排我在手術六個月後對脊椎做追蹤的磁振造影檢查。檢查結果可以看出手術是否成功：腫瘤有沒有再生，或者脊髓是不是再度受到影響。

要去做今天的檢查，我承認我有些焦慮。我通常可以靠一句古老又可靠的格言來蒙混過關：「如果先想像最糟的情況，等事情實際發生時，你就等於經歷了兩次。」

但這次這句話卻不管用。我不是在想像，而是感到害怕。不是當場嚇呆、不敢離開房間、不敢和別人眼神相接的那種恐懼，而是合理地擔心出現負面的結果。我已經經歷過了，不想再經歷一次。如果照出來的片子顯示腫瘤再生了，或是脊椎狀況惡化了，我就完蛋了。

在回程的半路上，妮娜明智地開進一間收費高速公路兩邊都有的普通小型購物中心，這種購物中心基本上就像爲了寬敞的廁所設施而設立的支援系統。我搖搖晃晃地下車走進商場。我穿著運動褲和綠色格子法蘭絨襯衫，留著兩個星期沒刮的鬍渣，頂著一頭亂髮，完全混入人群。我用四腳的加快拐杖戳著地板，笨手笨腳地從其他旅客中間穿過。

上完洗手間後，我直奔 Cinnabon 肉桂捲專賣店。我選了四個一條的迷你肉桂捲，心想我至少有三次機會「說不」，對我的動脈手下留情。

我靠在距離妮娜幾步的一根柱子上，她正等著從報攤買些糖果，目前報攤暫時關閉，賣肉桂捲的小姐說收銀員去休息五分鐘，就快回來了。

等待的時候，我的腦子一直在思考、分析今天發生的事。我說服麻醉師用輕一點的劑量。在沒有注射大量鎮靜劑的情況下，我還是成功地在磁振造影檢查過程中保持靜止不動。我從煩寧輕微的殘餘藥效中清醒過來後，思考著西奧多醫生解讀這次檢查結果的重要意義。

崔西留在紐約參加艾思梅的游泳比賽，我因爲該死的健康問題經常錯過這類活動。我從機器出來時，西奧多醫生已經和我太太通過電話，所以她知道結果。等我回到家，我們會有很多事情要談。

在衆人矚目下生活了將近四十年，我敏銳地感覺到有人在盯著我看。我慢慢地轉向右邊，果然：在大概十呎外的地方，有一個男人站在那裡打量我。我猜他正在說服自己走過來打聲招呼，或是拍一張自拍照。

然後他就走過來了。他身材非常高大，也許有六呎二吋，留著黑色短髮和當天才長出來的鬍渣，穿著牛仔褲和工作外套。要不是因爲眼睛，他看起來會很嚇人……他的眼睛明亮清澈、讓人安心。

「請問你是米高・福克斯嗎？」

我點點頭。

「噢，哇，」他說。「我正在狂看《城市大贏家》，每一集都看了。」

「謝謝。」我說。他低頭看了一眼我的拐杖，再抬起頭來。「我很遺憾你……」

忽然間，我覺得有必要解釋一下。「我的背部開了刀……」**我真的要對這個人把整件事從頭到尾講一遍嗎？**

然後他解救了我：「我以前是軍人。我因爲創傷後壓力症候群而憂鬱，接受治療好一陣子了。目前一切都很順利，非常好。」

「太好了。」我說，很高興話題轉向他。

「我只是想告訴你這件事，因爲，你要知道，你幫了我很多忙。」

這位溫和的巨人，他什麼都不想要，他只是想要給我一點東西，這東西無比的珍貴。「我很高興，」我說。「你叫什麼名字？」

「德里克。」

妮娜拿著糖果出現了。我跟德里克說再見，握握他的手，他看著我一瘸一拐地走開。我敢打賭他一定在想：**我感覺比米高・福克斯看起來的要好多了。**

回到車上，我把枕頭拍鬆，準備一路睡回曼哈頓。過不久我媽會從溫哥華來看我們。我期待能夠告訴她這個消息，正式消息：手術奏效了。腫瘤沒有再長回來。脊髓沒有任何負擔。情況好得不能再好。

我想到剛才遇到德里克的事，心裡湧起了感激的心情：透過我在逆境中生活的範例，我能夠對別人的生活發揮正面的影響力。

可是，另一種感覺仍然存在。不管我怎麼努力壓抑，還是有股揮之不去的恐懼。

我睡著了，雖然不是睡得很好。

第19章

唯一害怕的事

我和富蘭克林・德拉諾・羅斯福至少有兩個共同點：（一）偷偷使用輪椅，（二）害怕恐懼。

「我們唯一需要害怕的是恐懼本身。」羅斯福的這番話鼓舞了在嚴酷的經濟大蕭條下精疲力盡的國家，他話中傳達的訊息也帶領我度過一些傷心絕望的時期。那篇演講總是令我感動，我從演講當中獲得了激勵。倒不是我很大膽：我害怕恐怖攻擊、地震、黑寡婦蜘蛛、深夜不知道孩子的行蹤，還有其他無數令人擔憂的可能情況。我只是當下、此時此刻不害怕那些事，因爲沒理由害怕。那些事不是眼前的現實。我不怕可能發生的事，同樣的道理，我害怕肯定會發生的事。儘管這樣，在過去這一年中，我真的開始體會到「恐懼本身」可怕的束縛力量。

就像伊莉莎白女王宣稱一九九二年是她「多災多難的一年」，我也要說二〇一八年是我可怕、恐怖、不順、非常糟糕的一年。我的身體出問題，情緒受到刺激，疼痛變得更嚴重。我反覆跌倒，而且愈跌愈危險，跌倒所受的傷也很慘重。我們還失去了崔西的父親，他是我們的良師，也是親愛的朋友。二〇一八年發生的事是嚴峻的考驗：是我必須度過的難關，或者更精確地說，是我必須學習度過的難關。

經過那麼不尋常的一年後，認爲我可以去非洲看野生動物結束這一年，似乎完全超乎現實。我在跟誰開玩笑？我辦得到嗎？

我的家人計畫在十二月的最後十天到非洲旅行。我一向對這種探險旅行很感興趣，但我還是有一些非常合理的疑慮。我不只擔心我沒辦法走太多的路，而且我也不知道我的感覺接受器願不願意接受這個體驗。讓我心動的是，我們最喜歡的幾位旅伴也會參加：史蒂芬諾普洛斯和申克這兩家人對於我面對的特殊難題都已經習慣了。崔西不斷對我強調：「你整天都會坐在吉普車上，完全不需要走路，而且住的地方全都在一樓。再完美不過了。」

我仔細研究旅遊資料。「不會像迪士尼樂園那樣吧？把長頸鹿安插在飯店的窗戶外面？」

「是真的觀賞野生動物啦，」崔西向我保證。

山姆從不同的角度發動攻擊。「老爸，我們都希望你也一起去。」他讓我想起二十年前我跟他說的一個笑話：當時他第一次參加夏令營，緊張不安又缺乏信心。我愚蠢地認為這麼說會讓他感覺好一點：「記住，要是你和夥伴在森林裡健行，有隻熊開始追你們，你不必跑得比熊快，你只要跑得比你的夥伴快就行了。」

果然，山姆也想起了這件事。「記住，」山姆說：「要是我們在熱帶大草原上，有隻獅子開始追我們的話，我們不必跑得比獅子快……」

「爸爸的笑話？你拿爸爸的笑話來攻擊我？」

「爸，我只是想說，我們可以跑贏你。」

事後證明，這個回憶彷彿預言。

在出發前往非洲的前幾天，我的家人、朋友和他們的孩子都愈來愈期待。我很高興他們沒有強迫我去。不管我去不去，他們都會去，但他們希望我一起去，讓我有點開心。

就算只是爲了避免錯失恐懼症，我也覺得拖著問題重重的身體繞過大半個地球到坦尚尼亞的熱帶大草原很値得。最後歸根結柢，是崔西對我有信心，她相信我能應付任何我所遇到（或是衝著我來）的狀況。

看見花豹

我們看到的第一頭花豹令人印象深刻。一頭體型碩大的雄豹坐在二十英呎高的無花果樹上，他的玫瑰斑紋和透過葉隙灑下的斑駁陽光融合在一起，僞裝得非常完美。如果秀拉用點描畫法來畫這幅景象，就會創作出第一幅像照片一樣逼眞的藝術作品。

我成功找出了大貓的眼睛，牠瞇著眼睛，直到那些斑點都連在一起，讓我能充分欣賞牠慵懶的模樣。牠死掉的獵物（一頭小羚羊）安全地卡在大樹枝的樹杈間。牠正在清理牠的獵物，先舔掉毛再撕開肉。我認得這個行爲，因爲我在動物星球頻道上看了好幾個小時的《大貓日誌》。花豹的頭懶洋洋地往前伸，牠的視線似乎和我的對上了。我承認腦中一瞬間閃過「噢，慘了」的念頭，但我明白牠不是在評估我可不可以當成一餐，因爲牠已經帶午餐回家了。此外，人類防止自己被吃的重要防禦手段就是我們不是那麼可口。卽使如此，這隻捕食高手還是可以在不到三秒的時間內離開牠在樹上的藏身處，跳下來撲向我，一口咬住我的脖子把我解決掉。

要是我獨自一人在熱帶大草原上走來走去，就可能會有這種下場，但今天不會發生這種事。我是在一輛裝了觀察野生動物配備的荒原路華豪華休旅車上安全地觀賞這個畫面。同行的車一共有三輛，這輛載著我、崔西，還有我們的四個孩子——二十九歲的山姆、二十三歲的艾奎娜和絲凱勒、十七歲的艾思梅。另外兩輛車上載著喬治・史蒂芬諾普洛斯、亞莉・溫沃斯，以及他們兩個十幾歲的女兒——艾莉特與哈波；寇帝斯與卡洛琳・申克以及他們的三個孩子——艾莉、布萊德、傑克，全都是年輕人。三輛車的隊形看似雜亂無章，好像犯罪現場的巡邏車一樣，但位置其實安排得很巧妙：我們從三邊包圍了花豹棲息的那棵樹。

這麼大膽地接近非洲五霸之一，讓我們充滿敬畏，忍不住緊張地稍微閒聊起來。雖然這些車看起來不像可以防花豹的樣子，因爲兩邊完全敞開，跑起來很吵、很笨重，但我不覺得這情況很危險。導遊解釋說是我們集合起來的龐大體積保護了我們，只要我們待在車內，花豹就不會認出我們是一群人。反之，他會把每一輛車看成是單一實體，一頭龐然巨獸，大到牠惹不起。不過導遊還是再三強調：千萬不要離開車子。要是下了車，就會打破這個結構，毀掉假象，揭穿騙局。下車的人跟其他人分散，容易受到攻擊，沒幾秒就會掛在無花果樹上當裝飾了。

沒時間耍廢

我們一天外出活動兩次，一次是在早上，從日出到中午。中午天氣太熱，沒辦法繼續待在熱帶大草原上。第二次外出是在下午三點以後到傍晚，太陽下山後不久就回營地。第二天下午，我們的隊伍縮減，只有兩輛車：喬治和他家人搭一輛，我跟我的家人坐另一輛。一場突如其來的傾盆大雨讓史蒂芬一家決定返回營地。但我家和我們的導遊選擇等待雨停，在一個小水窪周圍的灌木叢裡避雨。天空放晴後，我們脫下斗篷雨衣，再次出發去追一群據說在那個區域出沒的大象。

看了大約二十頭厚皮動物（從幼象到成年公象都有）之後，我們遠距離觀察一大群擠成一團的非洲水牛。看到這海嘯一樣奔騰的牛群，我們讚嘆不已。這群水牛緩慢笨重但精力充沛地移動，似乎排成了一列一列，好像準備打仗的部隊。我開玩笑地把這個想法告訴導遊亞伯拉罕。他看了我一眼，說：「沒錯，正是這樣。」公牛排在最前面，年輕的公牛排第二排，爲母牛和小牛在內部創造出安全地帶。

崔西問：「牠們要攻擊誰？」

導遊笑著說：「我們。」

「眞的嗎?」我說。

「別擔心。吉普車可以跑得比牠們快。」

「萬一吉普車拋錨了怎麼辦?」我提出合理的問題。

這下輪到我烏鴉嘴了。

太陽下山時,我們順原路折返,沿著之前躲避大雨的那片水窪邊緣走,愈靠近水窪,土壤就愈黏稠。不久,我們的輪子開始空轉,在無法逃脫的爛泥裡愈陷愈深。我注意到一棵高大的無花果樹,和前一天花豹棲息的那棵樹非常像,讓人覺得怪可怕的。太陽已經落在西邊的地平線上。這棵花豹樹上沒有斑駁的光線,只有背景裡的一道紅光,潛伏在那裡,彷彿一個不祥的剪影。隨著光線逐漸減弱,吵雜的蛙鳴、鳥叫、動物呼嚕聲也愈來愈響亮。

奇怪的是,孩子們似乎一點都不在意大樹上可能有東西在暗中監視我們。令我意外的是,崔西也充滿信心,認爲我們很快就可以回到營地。但亞伯拉罕發現車子後面的絞盤壞了,無線電訊號也斷斷續續。即使他能聯絡到人,他們可能也得花上一個小時才能找到並解救我們。

在我們思考目前處境的同時，我想到熱帶大草原的水窪都是殺戮戰場，捕食動物會衝進來撕咬無助的獵物：那些無法迅速逃跑的、無法奮力抵抗的；那些幼小、生病、跛腳、年老的。我勾選了最後三項（認定自己「老了」對我來說是新鮮事，不過事實就是這樣。）

我有個荒唐的想法，認爲我應該自願留下來，讓導遊一手拿著手電筒、一手拿著手槍，帶我家人到安全的地方。畢竟我只會拖慢他們逃跑的速度。同時，我想到在黑暗中留在水坑邊逐漸下沉的車子裡，我只能等著被獵殺。

我不是個容易驚慌的人。考慮到我的情況，我閃躲迎面而來的車輛幾乎和隔壁的人一樣冷靜靈巧。可是最近，我愈來愈常有一種難以捉摸的焦慮感，這當然跟我過去這一年裡打了幾場身體和情緒方面的硬仗有關。如今，當我們遭遇困在水坑邊的戲劇性事件時，我的焦慮感不再漂浮不定，而是牢牢附著在擔心成爲熊的誘餌的恐懼上。

萬一我家人跟我被花豹追趕，他們不必跑得比花豹快，只要跑贏我就行了，這點他們走快一些就能辦到。如果想像最糟的情況是被花豹攻擊，等事情實際發生時……嗯，你懂吧。

最後，亞伯拉罕收到一輛路過的車子發來的無線電回應，那是一家同樣帶團觀賞野生動物的公司。他們來了以後，很快就用能動的絞盤把我們從淤泥裡救了出來。開車回我們在草原邊緣的小聚落的這段路程意外地非常短暫，但讓人深深地感激。

前一天的花豹沒有嚇到我，但黃昏樹上的花豹——那隻我沒看見、很可能根本就不存在的花豹——卻把我嚇呆了。

夜間上廁所

吃完一頓美食後，我們欣賞了當地舞蹈團的表演，他們成功地讓每個人都站起來跺腳搖擺。我放棄參加，但喬治的一些精采動作讓我們都大吃一驚。最後，隨著我們營地主人拉薩魯斯所說的「叢林電視」——也就是在這個由帆布帳篷構成的小村落中央劈啪燃燒的營火——閃爍著熄掉以後，每個家庭都走回各自的住處。我們按照家庭分配睡覺的地方：大人有大人的帳篷，小孩有小孩的帳篷。

等待著我的是比滿滿一帳篷的花豹更可怕的東西，這裡才是眞正令人害怕的地方。我怕的倒不是帳篷本身——裡面光線充足、相當舒適宜人。整頂帆布帳篷非常寬大，還有一張大得荒謬的四柱床。雖然空間寬敞，但似乎有點雜亂，塞滿了各式各樣殖民時期風格的家具和非洲藝術品。現在還很容易走來走去，不過一旦熄燈以後，帳篷裡面就變成了地雷區。

因爲年齡的關係（又來了），還有一部分因爲我最近受的傷和長久以來的殘疾，所以我夜裡通常會上一、兩次廁所。在家裡，我當然熟悉從床鋪到浴室的地形，每次都慢慢地、有點搖搖晃晃地安全往返。我靠著牆壁，做職能治療師所說的「家具衝浪」動作：伸出手去觸摸沿途的家具，與其說是爲了支撐身體，不如說是爲了了解空間的相對位置。在家裡，我會在浴室留一盞昏暗的燈，給我製造一個跌跌撞撞前進的目標。可是在這裡，在這個沒有月亮的夜晚，唯一的照明只有我頭部兩側的兩個小小光點。

我的額頭上綁著「最適合在床上閱讀、手臂可以彎曲的免持閱讀燈」，讓我看起來像一隻離了水的魚，更具體地說是來自馬里亞納海溝的史前鮟鱇魚，不知怎地跑到非洲平原上來。

目前爲止，夜裡來去廁所是我在坦尙尼亞期間所從事最危險、最可能致命的活動。走過帳篷地板時，我努力不要被椅子絆倒，也不伸手去碰搖搖欲墜的茶几。我很有可能一臉栽進蹬羚角的衣帽架裡，或是忘記自己在哪裡，靠在只是加固帆布的「牆壁」上。我可能會讓整頂帳篷倒下來，壓在我和我睡著的老婆身上。如果發生以上任何一種意外，造成我骨折了、頭蓋骨破裂，或是弄傷崔西（但願不會發生這種事），都要花上好幾個小時才能得到協助或醫療服務。

膽小鬼

我去非洲旅行時的這三件小插曲代表了人生每個階段都會有的三種恐懼。從休旅車車隊中看到的樹上花豹：這是眞正的危險，但受到了控制，只要小心翼翼就能安然度過，或許還能學點東西。更危險的是害怕那些自己看不見但直覺它就在附近、隨時準備撲過來的東西。看不見的東西仍然有可能造成傷害，或者至少讓人感到不確定和恐懼。第三種恐懼就像內心的地雷區，這是在發現、接受、面對眞相時必須穿越的區域，例如不可避免地邁入中老年時。我們領悟到每個人都有截止日期，這個眞相雖然沒有公開，卻是無庸置疑的。

這就是人生：看得見的、看不見的，以及在黑暗的地方悄悄徘徊的花豹。到目前爲止，我的第一種花豹就是帕金森氏症。我熟悉牠的習性，知道牠的地盤在哪裡，清楚牠有多殘忍。我曉得什麼時候可以安全地離開吉普車，什麼時候不行。

第二種是我看不見的花豹。直覺告訴我有什麼不對勁、非常不對勁，有什麼東西在那裡等著突然撲過來。沒有預先警告，也不能協商、和解。這種不祥的預感是最近才出現的，是很多人到中年後常見的現象，而我因爲發現並且切除了脊椎腫瘤，這種感覺更爲強烈。

然後，隨著我在廚房摔倒，出現了新的存在危機。第三種恐懼在我像《魔戒》裡的咕嚕一樣爬過帳篷時明顯看得出來。黑暗、混亂、孤獨、脆弱，這些未知的危險會讓人動彈不得。那種感覺基本上就像蒙著眼睛試圖抓住熟悉的形狀，一個手可以抓到、能夠信任的牢固支點，但當我摸索著前進、在重力面前爲自己的處境求情的時候，卻只找到暫時的、不穩固的東西。這風險非常高，我不但有可能傷害自己，還可能傷到跟我處於同一個空間的其他人。我祈禱自己能夠找到路，不論我對那條路有多少疑慮。

有時候，引導我在夜裡行走的聲音會被崔西的輕聲細語打斷：「親愛的，小心一點。」

「好主意，親愛的，我會儘量小心。妳繼續睡吧。」

在那篇「沒有什麼可怕」的演講中，富蘭克林・德拉諾・羅斯福還說了：「只有愚蠢的樂觀主義者才會否認眼前黑暗的現實。」

我同意我是樂觀主義者，不過現在我也承認我很愚蠢。

第 20 章

時間老人

我以爲自己控制了恐懼，徹底控制住了，我用自信和理性讓自己不那麼害怕。可是非洲提醒了我，這些全是胡說八道。

安蒂崗尼希

作者：威廉・休斯・默恩斯

昨天，在樓梯上，

我遇見了一個不在那裡的人

今天他還是不在那裡

我希望，我真希望他能走開……

基於那些顯而易見的原因，一般認爲帕金森氏症主要是一種動作障礙：靜止性顫抖、動作緩慢，或者說是動作遲緩。對我們這些長期患者來說，走路和保持平衡都是很困難的事。帕金森氏症也有非動作障礙的症狀，例如情緒和睡眠的改變，疲勞、說話困難，以及消化道的問題。每當我們的行爲出現有這些變化的跡象，我們首先會試圖把這些問題歸因於年紀大了，或者更多時候就只是藏在心裡。

有一種帕金森氏症的狀況我以前很少想到、更少提起，那就是認知改變：喪失記憶、神智混亂、妄想、失智。我在想什麼，我是怎麼想的？別人認爲我在想什麼？我有在思考嗎？我的車鑰匙在哪裡？哦，對了，我再也不能開車了。

大家明白我在說什麼吧。我有時候會因爲想不起一些簡單的詞彙而覺得沮喪，例如說「各自」或「重組字」，或者紐約巨人隊新的四分衛的名字（他的名字叫「瓊斯」）。

崔西跟和我們同年紀的朋友都堅持，他們也有類似的記憶衰退和想不起來的情況。但對我而言，我擔心這些短暫記憶衰退的情況可能代表帕金森氏症進一步惡化了。我同意我們都正好處在一個令人產生混亂的年紀，每個人都害怕得到失智症，不過事實是，認知能力退化是帕金森氏症的部分特徵，因此我擔心自己最終會得到失智症是合理的。

以下是我想談論的事。我站在我紐約辦公室的電視前，擺出打高爾夫球的姿勢，但沒有揮桿，然後不斷把重心從一腳換到另一腳。我這麼做是在訓練感官，小心不讓膝蓋鎖死，不停地活動雙腿、保持腿部的活力。我正在看的有線新聞節目進廣告了。那是Nuplazid的廣告，這是美國食品藥物管理局核准的治療帕金森氏症的新藥。我們基金會和開發這種特殊藥物的廠商阿卡迪亞製藥公司有關係，這種受歡迎的療方可以用來治療目前還沒有合適藥物的帕金森症狀。

它針對的是帕金森氏症精神疾病，症狀通常有憂鬱、偏執、幻覺等，還會感覺到不存在的人事物、誤解事情的發展。廣告的開頭是一個外表威嚴的英俊男人、一間高級住宅，背景是一片田園風光。他表情平靜地看著遠方。他身邊的那隻狗突然變成了兩隻狗。男人看向走過來的太太。不可思議的是，她身邊突然多了一個男人。男主角的表情變得困惑、懷疑。畫面從這裡開始跳轉，顯示他在 Nuplazid 藥效的幫助之下，頭腦變得清晰，正在陪孫子畫畫。

從廣告的目標客群的角度來看，這影片很刺激人。看到阿斯匹靈的廣告、知道頭痛的感受，或看到抗過敏的納寧錠廣告（**嘿，我也有過敏的毛病**），或是任何滿足顧客需求、保證解決顧客問題的商品廣告，都會讓人覺得有人在為自己著想。當自己和廣告中的模範病人可能有共同的經驗，而這經驗是幻覺和失智症時，這則廣告馬上就會引起自己的注意。

我不知道該怎麼看待這個廣告。「你覺得怎麼樣？」我對左邊的人說，他並不存在。

他不是幻覺或錯覺，也不是威廉．休斯．默恩斯經典詩句中那個樓梯上的男人，而是一種藥物的副作用。這種藥原本是用來治療老年人的流感，但據說後來發現可以減輕異動症的症狀，也就是頭部和身體不由自主的抽搐。異動症本身是左旋多巴的副作用，而左旋多巴到現在還是帕金森氏症藥物治療的黃金標準。我知道這種覺得周邊有東西存在的感覺只是吃藥之後的副作用。那個在田園風光中和幻影狗在一起的英俊男人所遇到的事並沒有發生在我身上。但我能體會他的感受，因爲我已經有過非常類似帕金森氏症精神疾病的經驗。在巴爾的摩時，抗異動症藥物和鴉片類麻醉劑交互作用使我產生了可怕的幻覺，讓我有機會了解未來可能發生的狀況。

談談退化

我才剛醒來，還沒沖澡。我坐在家裡的辦公室內看葫蘆（Hulu）平臺上的《荒野獨居》，這是一個野外求生的節目：一群人獨自在荒野裡設法求生，直到發瘋爲止。這是我最近很迷的節目。崔西走進房間，提醒我我們今天晚上的計畫，但我完全不記得了。就在這時，我們成年的女兒從門口探頭進來，問我要不要來杯咖啡。我回答說：「好啊。謝了，小凱。」

她的肩膀突然微微地往下垂，露出「噢，老拔」的表情。「不對，你搞錯了，我是艾奎娜。」

「哎呀，是我不好，我沒戴眼鏡。」那種表情又來了。艾奎娜擁有最先進的胡說八道探測器。

「每次都這樣。」她說。

「嘿，這是很常見的錯誤嘛。我媽也搞錯過。她會把我四個兄弟姊妹的名字全都叫一遍才叫到『米克』。」我轉向崔西想請她幫忙，但她的表情告訴我她幫不了我。

我試圖反擊。「小崔，妳知道的嘛，和妳的姊妹在一起的時候，不好意思，不過妳有時也會叫錯丹娜的名字啊。」

這時，好像我出現幻覺一樣，我聽見丹娜的聲音說：「米高？」

噢，我的天啊，我把她召喚出來了嗎？在混沌了一會兒之後，我才發現我小姨子的聲音是從我的手機裡傳來的。「是丹娜嗎?」

「對!」崔西小聲說。「你在幹什麼?現在是早上六點半啊。趕快掛斷!」

但我並沒有打給丹娜,我也沒有碰手機。手機在咖啡桌上。我伸手去拿手機,然後開口說話。「丹娜,是妳嗎?」

「是啊。米高?」

「對不起,我不是故意的……」

「沒關係啦,」她打著哈欠說。「屁股不小心碰到電話誤撥了嗎?」

我的屁股離電話遠得很。

崔西立刻搞懂了:「米克,你剛才用加拿大口音說『不好意思(Sorry)』的時候,聽起來像在叫『Siri』。」

「我有加拿大口音?」

「有啊,你有。」

「喔。那就是殘留下來的了。」

「總之，你的手機聽見了『Siri』和『叫丹娜』，所以它就撥電話了。」

在一旁聽到所有的對話後，丹娜插嘴說：「我可以繼續睡了嗎？」

崔西、艾奎娜和我異口同聲地回答：「可以。」

「再見。跟米奇和孩子問好！」我補充。我把手機放進口袋，望向老婆和女兒。

「我可以繼續睡了嗎？」

現在我一次只能做一項工作。我的執行功能有問題，沒辦法同時做多項工作。不論我看起來像是在做什麼，我其實都是在做別的事情，或許是無意間的。我是老了、心不在焉，還是受到什麼更邪惡的東西控制？

我的兩個爸爸

我父親在一九九〇年一月過世。當時我將近三十歲，崔西和我結婚兩年，山姆才六個月大。他們祖孫共度的時光短暫，我們的相簿裡只有幾張珍貴的祖孫合照。我們覺得他去世得很突然，但多年來我爸的身體狀況一直不大好。他長期體重過重，患有第二型糖尿病和心臟病。儘管如此，我們還是希望他能夠活超過六十一歲。我愛他，現在還是每天想著他。

他是個軍人，所以我始終沒學會打領帶這件事總是惹他生氣。在我爸媽家裡為參加他的葬禮換衣服時，我努力了半天還是打不好。即使到了這個日子，我還是無法為我爸搞定這個簡單的結。我除了沮喪之外還有一點羞愧：我就是不知道該怎麼做。我最後一次嘗試打得最好，不過看起來還是像條止血帶。我走到走廊上，遇到的第一個人是我的岳父史蒂芬，他已經穿戴整齊準備好了。他和崔西的媽媽珂琪飛到溫哥華參加葬禮。

「你是想把領帶打成那樣子嗎？」史蒂芬問。「故意的？」

「不是，是我打不好。」我坦言，承認了自己衣著上的缺點。

史蒂芬利用自己的領帶快速示範了一下，我跟著照做，在折疊幾下並且順勢完成後，我打出了像樣的雙溫莎結。我把領帶塞進西裝外套，輕輕拍了拍，看起來很不錯。

自從家人打電話告訴我爸爸過世的消息、叫我回家以來，我第一次擠出一點笑容。

「我不會告訴我爸爸是你幫了我的忙。」

史蒂芬把嘴唇上一條想像的拉鍊拉起來，轉動鑰匙鎖上。

這就是史蒂芬，我三十年來理想的岳父。他的職業是律師、理財顧問，也是人生教練——他不只指導客戶怎麼理財，還教他們用更寬廣的視野來看待人生的可能性。他的桌上有塊牌子寫著：「消除恐懼專家。」他會鼓勵年輕的廣告業務執行和他的妻子說：「好啊，再生一個孩子吧。去買一間更大的房子。去找一份更好的工作。」

經常有人露出認出我是誰的表情走近我，然後……「請問你是史蒂芬・波倫的女婿嗎？」

我對這個問題並不感到意外，我會點點頭回答：「沒錯，我是。」

他們接下來會說的話我已經聽過非常多次了，都可以用嘴型跟著他們說：「他改變了我的人生。」他們會告訴我史蒂芬如何幫助他們克服恐懼、改善就業情況，或者重獲信心、做出重大的人生抉擇。風險和報酬。很多人會說出他們的名字，簡短地描述一下他們跟史蒂芬往來的經驗。「請轉告他史坦頓島的黛比向他問好。五年前他幫助我們買下一間公寓。」

我會轉告史蒂芬，他會記得這件事。「哦，沒錯。黛比啊，養了一隻貴賓狗的那位。」

二〇一八年年初，史蒂芬已經得了癌症好一陣子，身體狀況開始衰退。他不打算接受進一步的治療。他的行動變得遲緩，不過精神還是很好，也還是很有幽默感。他仍然風趣、睿智，似乎不關心自己的病情，只擔心自己的病會對家人造成什麼影響。我知道他獨自一人住在公寓裡一段時間了。好吧，也不是完全只有他一個人：他和珂琪養了一隻迷你的喜馬拉雅貓，大小跟地松鼠差不多。可可會順著他的手臂跑下來偷喝他杯子裡的水。

我每星期大概會去探望史蒂芬一次，每次都會爲他帶一個牛皮紙袋和一本好書。最近他特別喜歡我朋友哈蘭・科本寫的小說，看身兼破案偵探的運動經紀人米隆・博利塔看得欲罷不能，那是哈蘭的招牌角色。牛皮紙袋裡的則是：巧克力閃電泡芙。

一月裡一個下著雨的星期四早上，我走進公寓來到廚房。我知道我會發現史蒂芬坐在餐桌旁，端著一杯咖啡，隨意翻閱《紐約時報》，就和他在康乃狄克州的廚房裡一樣的場景。他微笑著跟我打招呼，費力地站起來接過書，擺在桌面上的報紙旁邊。我把袋子遞給他。「謝謝，」他說。「也許晚點再吃吧，我現在不餓。」

他的頭髮有點凌亂，看起來比去年夏天曬得黝黑、留著山羊鬍子的時候要來得蒼白，當時他常在葡萄園島門廊的露天平臺上俯瞰梅南夏海灣。畢竟，現在是曼哈頓的冬天，雖然看起來沒有明顯地憔悴，但他的體重減輕了一些，動作慢了一點，聲音也小了一點。雖然還是很健談，不過語調變得比較輕柔。

我們在餐桌旁坐了一會兒，談論家人和孩子的事。可可小口喝著史蒂芬的水，但對我的星巴克脫脂卡布奇諾一點都不感興趣。我的藥效開始發作了，我很享受跟史蒂芬在一起的時光。沒過多久，我就忍不住吃了他的一條閃電泡芙。

我們移到電視間去，打開有線電視新聞網（CNN），抱怨了川普一陣子。這時電鈴響了。我知道我那天雖然行動不便，但還是應該站起來應門。猶豫了一會兒後，我判定不是前門，而是穿過廚房在公寓另一頭的送貨門。我搖搖晃晃地走到後門廳，瞇起眼睛透過鋼門中央的窺視孔往外看，上面的鏡片可能從一九六七年以來都沒有清過。我只能看到一個連環殺手模糊不清的輪廓。

我檢查一下四周，確定貓不在腳下，然後打開了門。

「我是醫療用品公司的人，送安寧療護的東西過來。」那人說。

「哦，好的。請進。」我蹣跚地走回電視間，那人推著一輛小推車跟在後面，推車上堆了一把淋浴椅、一臺氧氣機、氧氣罐、氧氣面罩，還有其他各類用品。等我們走到娛樂休閒室時，史蒂芬已經站在門口。

「送貨的來了。」我說。

史蒂芬檢查了一下推車和裡面的東西。「哦，是的，沒錯。」

「這些東西要擺在哪裡？」那人問。史蒂芬指向主臥室。

走進房間後，安寧療護先生就轉過身來，開始說明每一樣設備的安裝方法和使用方法。他說明的細節愈詳細，我和史蒂芬臉上的表情就愈茫然。我打斷那人滔滔不絕的說明，轉向史蒂芬，問他：「你聽懂了嗎？」

我岳父聳聳肩，扮了個鬼臉說：「那你呢？」

「不是很懂。」

那人打量了我們兩人一下，然後問：「不好意思，請問你們哪一位是病人？」

史蒂芬的嘴唇咧開，露出狡猾的笑容。他轉動眼珠看向我，微乎其微地挑起眉毛，然後聳個肩，輕微得幾乎察覺不到。雖然我承認我穿著運動褲和舊T恤，下巴還有幾天沒刮的鬍渣，看起來不太像「馬蒂・麥佛萊」，但聽到這問題我還是有點驚訝。

「你有把這些說明寫下來嗎？」我問那人。

「當然有。」他說著交給我一張說明書和一張收據。我摸索口袋找出小費。他收下小費說：「祝你們好運。我自己出去就行了。」

「哦，是嗎？」我說。「要小心那隻貓。」

等那人走遠後，史蒂芬轉向我，不可置信地笑了起來。我也算是笑了。

◇◇◇

三個星期後，史蒂芬過世了。所有的家人都圍繞在他身邊，包括他的妻子珂琪、崔西，還有她的兄弟姊妹：麥可、蘿莉、丹娜，以及他們的配偶和所有的孩子，全都在床邊圍成半圓形。我掃視房間裡一張張充滿敬愛之情的臉孔，非常哀傷，但是並不絕望。毫不勉強、順其自然地放手。

我想到世界各地都有這種安靜的儀式。**人類這樣做了幾萬年，在洞穴裡、在鹿皮帳篷裡、在城堡裡、在醫院病房中。**想要進行這種共同的、平靜的、精神上的最終儀式，是人類較崇高的本能之一。

家人的守夜儀式充滿了對他和對彼此的愛，還有一種真誠接納的氛圍，這是史蒂芬的人生哲學中很重要的一部分。環繞在史蒂芬周遭的氛圍和精神是感恩，這正是他的本質，是他帶給我們所有人的啟發。對於他生命中的一切，不論是正面的還是負面的，他都心存感恩，這點體現在他對自己的妻子與家人的愛中。他是一位真正的樂觀主義者，常用一句話來鼓勵人：「孩子，再等一等，事情會好轉的。」這也成了他的註冊商標。

史蒂芬留給我最重要的一課是：懷著感激的心就能保持樂觀。

第 21 章

總體來說

一月時，在我們突然結束土克凱可群島的假期幾星期後，我的岳父去世了，這是我多災多難的二〇一八年的開端。由於這一年的事件一樁接一樁地發生，一直到非洲之行爲止，因此史蒂芬要我們感激的想法被我的痛苦和怨恨給遮蔽了：脊椎手術、手臂骨折、復原期間的孤獨和憂鬱、狂看電視、錯過和家人共度的時光、主要針對我自己的憤怒。我承認史蒂芬的見解很有價值，但是試圖實踐他那「事情會好轉」的準則，卻好像努力讓石頭在水中浮起來一樣。石頭會往下掉、沉下去，而我對自己的擔憂也把我一起拖了下去。我的榮格心理分析師喬依絲建議：「那就跟著一起下去吧，你的心是要告訴你一些事情。深入裡面，你就可以在內心深處找到眞理。」

因此我在內心深處搜尋，找到了一些寶藏。我發現我的感恩與樂觀都被恐懼劫持了。手臂骨折最終讓我明白了一些事，這個我花了很長時間才頓悟的道理，與其說是跟我的身體和心理所承受的煎熬有關，倒不如說是跟這些艱苦經歷所造成的恐懼有關。非洲用原始的方法教會了我關於恐懼的事。我明白了有些東西是該害怕；那些夜裡的詭異聲響。但在那次旅行前的幾個月裡，我陷入的是概念方面的恐懼：擔憂自己的狀況、擔心未來、害怕自己對這一切的情緒反應。

有篇布道說：「恐懼的相反是信心。」我回想起岳父桌上的牌子——消除恐懼專家。想到了感恩之心在他人生中扮演的角色。我開始明白信心——或者說恐懼的相反——可以用感激來表示，而感激一直是我樂觀的基石。

我已經花了夠多的時間和精力分析哪裡出問題。我已經準備好要重新認識所有正常的事物。

良藥

今天出現了難得的情況。

我的神經科醫生蘇珊・布雷斯曼博士爲我做了每季一次的帕金森氏症檢查，這樣的檢查會有系統地評估我的技能、動作和認知狀況。她用橡膠錘測試我的反射動作，輕敲我的膝蓋骨產生了彈跳的反應——我的腳像火箭女郎的舞者那樣踢了出去。敲完膝蓋後，她把橡膠錘翻過來，用另一頭刮我的腳底，檢查足底反應。我的腳大部分都是麻木的，我從臀部、膝蓋，到腳踝各關節之間的腿部也都是樣，所以通常不管她怎麼用力戳我的腳底，我都沒有任何感覺。但今天居然會痛！這是好消息。

「那是因爲你的脊椎，」她說。「脊髓受到的壓力變小了，所以終於開始放鬆，情況正在好轉。」

正在好轉。這很像史蒂芬會說的話，但我從來沒有聽蘇說過這句話。她的專業領域是帕金森氏症這種退化性疾病，雖然患者不會死於帕金森氏症本身，但卻會因爲這個病而死。這種病的併發症，例如吞嚥能力變差，可能會導致被食物嗆到或吸入性肺炎，這些因素都可能致命。在我們找到治療方法之前（我們一定會找到的），「正在好轉」都不在帕金森氏症的日常用語裡面。

蘇鼓勵我的話並不是指帕金森氏症，而是我動了脊椎手術後的復原情況。這和西奧多醫生的預後結果一致，我的身體需要十八到二十四個月才能從手術的侵入性創傷中恢復過來，脊椎也才能達到新的正常標準。我復原的速度完全符合醫生的預測。

我提醒自己，這個漫長而驚險的手術歷程並不是要修復，而是干預，也不是重置歸零，雖然可能至少回到腫瘤惡化、西奧多醫生的手術刀輕輕劃過我的脊椎之前的狀態。手術對我的體力和機械功能造成的傷害沒辦法消除，但我很慶幸病情停止進一步惡化。我不再活在持續不斷的疼痛當中，也不用面對幾乎肯定會癱瘓的未來。我會收下我找到的勝利，而今天我覺得，沒錯，好多了。

蘇很高興這場健康危機暫時告一段落，把討論的話題轉回帕金森氏症上。妮娜今天陪我一起來看診。妮娜聽人說話很專注，比我更能記住細節。她向蘇報告，說她最近幾個月發現我拖著腳走路的情形沒那麼嚴重了。無論我有大大小小的任何變化，崔西、妮娜，和蘇都是最先看到的。她們的努力和關心讓我感到慚愧。純粹因爲我是親身得了這種病的人，所以我對此病的了解比她們深，但也差不了多少。我很幸運的是，她們明白所有症狀加起來並不等於我這個人。

這次的看診令人滿意，評估的結果很正面。我所有的檢查項目都通過了：目前的帕金森氏症藥物組合似乎有效，血壓穩定，睡眠品質也改善了。我這樣相對健康的另一個關鍵因素是我持續接受萊恩的物理治療。現在我熟悉了這套訓練方法，無論是在家裡、在工作，或者出門時，我都會找時間轉一轉臀部、迅速收縮兩下腹部，或者偷偷伸展一下小腿，同時按發行順序說出披頭四所有專輯的名稱。我覺得自己健身得恰到好處。

這並不表示我的動作和正常人一樣。我每天還是會摔倒個一、兩次，甚至更多，不過我學會了怎麼樣更有效率、更安全地跌倒。我只能接受：這是我日常生活的一部分。我也學會接受在行動之前先考慮有哪些選擇。我面前的桌上有一杯飲料，而我需要把飲料拿到房間另一頭。我應該先站起來再從桌面上拿起飲料嗎？還是應該先拿飲料？用左手拿？左手夠穩嗎？我該先跨出哪隻腳？根據我的方向，左腳可能會比較好，可是萬一在過程中沒有踩好，那我右邊的步伐也會遭殃。就算在這次任務中我沒有跌倒，至少也會把飲料灑出來。這麼一來又會出現更多的選擇：我應該直接穿過地毯，還是像隻老鼠一樣貼著房間的邊緣走？我會選擇第二個選項，因爲萬一眞的灑出來，只要用紙巾迅速擦一下就好，而不是收到地毯清潔公司的帳單。或者我也可能臉朝下地摔倒在地撞斷鼻子。

選擇。

我每天都要跟自己這樣對話個幾千次。通常會有一個我知道自己在說什麼。

好萊塢式的結局

二〇一九年給了我重新調整的機會，修補前一年留下的、還很脆弱的傷口。我的經紀人南西・蓋茲接到了史派克・李辦公室打來的電話。「網飛要贊助史派克製作的電影《轉動光陰》補拍一天的經費。」南西告訴我。這就是我在八月那個關鍵的日子裡錯過拍攝的電影，當時我跌了一跤，摔斷了手臂。

二月的第一個星期六，我去了拍攝地點，在布朗克斯的一所高中。導演史提方・布里斯托在教室布景裡和我打招呼，看起來既高興又如釋重負。史提方年輕又充滿活力，我可以從全體演員和劇組人員的投入程度看出他很清楚自己在做什麼。燈光師、器械師、製片助理和其他演員都來向我自我介紹，帶著崇敬的表情和我握手，或者迅速地拍張自拍照。他們好像把我當成吉米・史都華 那樣對待。**我有那麼老嗎？**

不管怎樣，我都很喜歡這個片場。一定會很有趣。

我飾演的是高中科學老師。時間是學年的最後一天，我正在責備兩名最優秀的學生（伊登・鄧肯－史密斯和丹特・克里克羅），他們在兩人合作完成的報告中主張時光旅行是有可能的。我給他們打了乙上的成績。在回應他們的抗議時，我堅持：「如果時空光行是可能的，那會是現代最大的道德與哲學難題。」等學生走出去後，我喃喃自語：「時光旅行。我的老天啊。」顯然讓我說出這句臺詞是有意義的。沒錯，這是看過《回到未來》的人才懂的笑話，但相當巧妙地寫在精心設計的劇本裡。

這部電影去年秋天就已經正式殺青，所以他們花一天時間把全體演員和劇組人員重新召集起來，只爲了補拍這場戲，讓我感到非常榮幸又高興。以這樣的方式解決我因爲手臂折斷而缺席的問題，簡直是電影般的結局。

或者，最好還是用高爾夫球的術語來說：這是一次重新發球，再來一次的早餐球。

賭城軼事

我正對著手機和崔西講話。事實上我是在大嚷大叫，因爲我正在狂歡時段穿過吵鬧的拉斯維加斯賭場。

「親愛的，抱歉，我正在抄近路，穿過吃角子老虎機器。」

「要去玩二十一點的牌桌？」

她眞了解我。「不是，我約了人要一起吃晚餐，可能晚點會玩吧……」

「好吧，但你要玩的話，就要保證你一定會贏喔。」

「我會跟管理部門談談的。」

她哈哈大笑。「今天的高爾夫球打得怎麼樣？你打得好嗎？」

「我打得怎麼樣？」我咯咯笑了。「糟透了。我打得很不好，非常糟糕。」

「非常糟糕？」

「最糟糕的一次。我跌了好幾次，好幾球都打偏了，掉到多肉植物叢裡。我損失了大概二十顆好的高爾夫球。」

崔西停下來，感到困惑。「那你為什麼這麼開心？」

「親愛的，我又開始打高爾夫球了。」

每年，通常是在二月份東北部不打高爾夫球的時候，喬治、哈蘭、我，還有我們找來的第四個人選（去年是我哥哥史蒂夫，今年是哈蘭的朋友詹姆斯・布萊德比爾，大家都叫他「布萊德」）會去比較溫暖的地區打幾場球。之前我們都是去佛羅里達州或加州的圓石灘。去年是在洛杉磯，那是我在動背部手術前最後一次打球。那次我打得一塌糊塗，之後就再也沒打過球了。如今，我們來到了拉斯維加斯。

我和朋友一起重返高爾夫球場具有特殊意義——雖然在今天早上我們這趟旅行的第一場比賽中，我打得並不好。我們挑了一座美麗的球場，蜿蜒穿梭在崎嶇的山丘和臺地之間。因爲這裡太乾燥了，所以球道上沒什麼草。在理想的情況下，擊球的人都想把球打遠一點，讓球可以飛過雜草區掉到果嶺上，或者至少落在果嶺邊緣。

有幾個洞難度太高，所以我坐著等其他人打完，觀賞沙漠的動植物、一簇簇的仙人掌和冬天綻放的花來分散注意力。在第五洞時，我瞧見一隻郊狼從高爾夫球車道兩邊的岩石旁偷偷溜過。走到第七個發球區時，意外地遇見一隻走鵑鳥。這可不是編造出來的。我提醒自己：**當心那個天外飛來的鐵砧**。（編註：這是卡通《樂一通》裡的情節。）

我一直不確定自己能不能來旅行，也不曉得我是不是還能再打高爾夫。但如今我來到了這裡。我把看見那隻走鵑鳥當成是個好兆頭，比郊狼早了兩個洞。嗶一嗶。

第二天，我們預先安排好到一座山地球場打球，高爾夫媒體認爲那個場地眞的非常考驗球技。球場位在拉斯維加斯南邊，開車要一個小時。雖然我們開球時間是在中午，但我們九點就離開了飯店，好在中途停留一下。哈蘭有個朋友住在亨德森附近，我們三個人都和這位先生有些個人的關係：退休的參議員哈利・瑞德。喬治顯然認識參議員，無論是以選舉操盤手或是記者的身分都和他打過非常多次交道。哈蘭第一次見到他是在二〇〇一年。瑞德是他的書迷，和前參議員湯姆・達修爾一起邀請哈蘭到國會山莊談談犯罪小說和政治。

一段長久的友誼就從那裡開始。

我和參議員第一次接觸是在二〇〇六年夏天，我在瑪莎葡萄園島度假的時候他的辦公室和我聯絡。瑞德參議員在電話中請我支持那些贊成幹細胞研究的國會期中選舉候選人，我覺得很榮幸能有機會帶來改變。那年秋天我參加了一系列的競選活動，並且答應參加媒體造勢活動。神奇的是，那次期中選舉我們支持的候選人全都贏得了席位，讓哈利・瑞德擔任了七年多數黨的領袖，並且在華盛頓重新點燃對科學自由和研究發展的熱情。我們做出了一些不錯的成果，我很引以為傲。

今天早上順道去拜訪是額外的收穫。瑞德先生是位殷勤的主人，而且很會說故事，聽他講故事我們幾乎忘了時間。哈蘭瞄了一眼手表，宣布我們得走了，否則會趕不上開球時間。我們謝謝參議員，重新擠上車，匆匆忙忙趕去球場。

儘管昨天打得不夠好，但我覺得信心倍增、興奮不已。也許我可以幸運地擊出一些具有挑戰性的球。高原沙漠的早晨非常迷人，不過很冷，只有華氏五十來度，比前一天低了十度左右。我絆倒了幾次，沒有嚴重的跌跤，而且我能全力揮桿，雖然結果各不相同。

我們對打完的球洞感到滿意，加上衣服穿得不夠，感覺有點冷，因此決定打完最後一洞後就去吃午餐。喬治和布萊德在球道兩側打出相當不錯的球。哈蘭做好擊球的準備動作，然後把球打到球道正中間，這是典型的科本擊球法。像往常一樣，我最後一個打，但直覺告訴我這球非常重要。這球長了眼睛，知道該往哪裡去。果然，我的揮桿力道十足。球從我的桿頭爆發，像火箭一樣順著球道中央衝出去，飛得比哈蘭的球遠了整整五碼。這是我人生最精采的一球。

走過哈蘭的球時，我指著球說：「打得好。」然後用高爾夫球的用語來說：「哈蘭，輪到你了。」

「不公平，」他說。「你的手臂是鈦合金做的。」

我們在俱樂部會所享用午餐，談論高爾夫和政治，回顧豐富多彩的生活。就在這時候，外面發生了令人驚嘆的事……下雪了。我們說起我們離開東北部來到西南的沙漠，結果這裡的天空此時卻飄下大片大片的雪花，眞是讓人啼笑皆非。整座球場很快就覆蓋了一片純淨的雪，早上的魔法被封印起來、變得神聖不可侵犯。顯然，大雪一直延伸到拉斯維加斯大道上，那裡可能需要一些淨化。

◇◇◇

早上的最後一洞我打出了雙柏忌，儘管開球飛得很高。這不是像洛基那樣反敗為勝的時刻，我的推桿根本不值一提，不過無所謂，這天的意義更重要。

在那趟高爾夫之旅後的幾個月裡，我很少打球。由於身體狀況退化，我減少了打球的次數。我很平靜地接受這個事實。高爾夫送給我將近二十年的豐富回憶，和球友的友誼也一直維持，這就是最好的收穫了。

我嘗試打了高爾夫球，並且打出了精采的一球。我要退出了。

笑著退場

我的高爾夫球賽哪裡去了？我的演藝生涯第二春哪裡去了？

我的拉斯維加斯之行回報了我多年來在高爾夫球上付出的時間和精力，或者我應該說，高爾夫球在我身上投入的時間。但我演藝生涯的最後階段情況就不大一樣了。

《傲骨賢妻》有優秀的劇本和才華洋溢的演員陣容，而且給我機會扮演一個有多重面貌的角色，又不需要背負在通告單上頭號人物的責任，簡直把我給寵壞了。製作人願意接收我的缺陷，同時巧妙地善用我的長處。我用某種方法計算了一下，如果我可以客串拍那麼多戲，而且一直表現得很好，也許我也可以再拍影集。

剩下的事我有點記不清楚了。幾年前，我和經紀人提起我可能有興趣在節目中擔任主演的角色，他們立刻安排我和兩名年輕的編劇聯繫，他們兩個人都很興奮，迫不及待想跟我合作。我在《人生如戲》中扮演的角色獲得了正面的反應，給了我們勇氣，於是我們決定不迴避帕金森氏症，根據我在前兩本書裡描述的經歷來提出一部戲的企畫：基本上就是一個得了帕金森氏症的爸爸。我們把這部戲取名為《米高・福克斯秀》（《歡樂單身派對》已經有人用了）。

雖然只聽到節目的概念和一些個人的趣事，但在提案會議上，每家電視臺都表示願意買下這部戲。這種情況並不尋常。整個洽談過程快得不可思議，最後我答應在 NBC 演出二十二集的電視劇，而我的夥伴奈兒並沒有參與訂定這項協議。我犯了一個嚴重的錯誤：沒先確認會有人特別留意我的利益。身為這部戲的主演，我已經承擔了太多責任，沒有足夠的精力或時間去好好監督這個和我同名的電視影集。

我們拍了非常出色的試播影片；貝琪・布蘭特、溫德爾・皮爾斯，和其他的演員都很有才華。但沒多久，電視臺內部就開始恐慌不安，好像他們的領導階層突然清醒過來，集體拍了一下額頭，倒抽一口氣說：「噢，他是眞的有帕金森氏症哪。」我察覺到他們看見我在排演時顫抖，然後小聲對同事說：「他到底怎麼了？」我想帕金森氏症把他們嚇壞了。這是個大問題，因爲這個節目就是以帕金森氏症爲基礎。

第一季也是最後一季。我的精力或注意力終究不足，無法維持這個節目的生存。那是我的錯，我可以接受。就像我之前說過的，我可以飾演任何一個有帕金森氏症的人，我在扮演我自己的時候尤其如此。

◇◇◇

《傲骨賢妻》在最後一季讓我回來演了幾集，好像我從來沒有離開過一樣。這提振了我的精神。接下來幾年，我在其他電視臺的節目裡接了兩個客串演出的工作，都不是很令人滿意。這些是我最近扮演的角色，也很有可能會是我最後的演出。做出這樣的預測時，我並不覺得感傷。就像我們賣掉孩子在那裡長大的鄉下房子時，崔西說：「這間屋子不欠我們什麼。」我對我的演藝生涯第二春還有高爾夫球都是同樣的感覺。它們不欠我什麼，它們已經帶我走得比原本預期的遠了，去了我可能永遠不會再去的地方。

從《醫院狂想曲》到《傲骨賢妻》的演出期間，有個變數還沒有出現。在那些節目裡，我想出了一種方法，把我多餘的動作、痙攣，甚至僵硬都融入表演中。扮演那些角色我不需要走動太多，有一把椅子、一根拐杖、一張可以倚靠的桌子。我可以在片場裡走來走去，我的缺陷不會引人注意。

但對一個演員來說，無法確實說話是致命傷。很難組織語言來表達是一個問題；另一個問題是記不住我要說的話。以前在我的職業生涯中，我背臺詞一點困難都沒有。事實上，就像我在提到《天才家庭》的時候那樣，我擁有幾乎過目不忘的記憶力。但最近情況變了。在最近這兩部電視劇中，我飾演律師，情況和以前完全不同。「法律術語」很難學也很難說，更別提理解我到底在說些什麼了。

首先，我答應在《指定倖存者》中演出五集，飾演一位在華盛頓特區的精英律師，代表內閣，試圖透過第二十五條修正案罷免美國總統。對我來說，「倖存者」是個關鍵詞。雖然這個角色非常有挑戰性，而且很有創意又有趣，但也是對我的大腦和身體的自我傷害。我不但承受著各種症狀發作、糟到不能更糟的情況，而且還得在二、三月到多倫多拍攝——那裡冰天雪地，倉庫攝影棚又非常大，在不同的布景之間要走很遠的路。當時我還不知道，但我再過一個多月就要動脊椎手術了。

在複雜的劇情中，我的角色既是總統的盟友也是他的對手，飾演總統的是基佛・蘇德蘭，我的老朋友。我們在八〇年代合作過《燈紅酒綠》，基佛是個很棒的人，既隨和又溫文爾雅，他在片場歡迎我，我們愉快地重聚。和我記憶中的一樣，基佛喜歡迅速俐落的表演方式，留心其他演員的提示，在銜接臺詞的時候幾乎沒有什麼空隙。雖然我很喜歡這樣俐落明快的風格，但我就是跟不上。「鑑於契約的乙方……」立刻接到「人身保護令……」然後直接轉到「民兵團……」我搞糊塗了，不得不重新來過。

我每一場戲都得停下來，困惑尷尬地呼喊場記：「請給我提詞。」

我以前很喜歡這些正式的詞彙，在《波士頓法律風雲》和《傲骨賢妻》裡都順利搞定。我喜歡這種詞彙的音樂性，可以輕輕鬆鬆說出這些法律術語。可是這次情況完全不同。我知道剪輯師會幫我收拾爛攤子，他也的確這麼做了，但這次的經驗並不是很愉快。我不再擁有那樣的才能，興奮感也消失了。

在《傲骨賢妻》的衍生劇《傲骨之戰》裡，我再度飾演路易斯・坎寧，對角色的熟悉有些幫助。可是從我上一次扮演這個角色以來的幾年內，這個節目還有我本身都有了很大的變化。製作變得更精簡、預算更緊，製作的時間更短，一天之內要拍的場景更多。他們沒辦法像在拍規模較大的母劇時，在拍不同的場景和不同的拍攝日之間給我時間休息、復原。結果變成我一天要拍三場六頁的戲，而且三場戲要同時拍完，一次十八頁，而不是每場戲分開來拍。

這徹底壓垮了我。

我要再次提到塔倫提諾的《從前，有個好萊塢》：李奧納多・狄卡皮歐在戲裡飾演一名風光不再的牛仔演員，在一部廣受歡迎的西部電視劇中客串演出的時候，不斷搞砸臺詞。他氣自己一直忘詞、講不出臺詞（我們在之前的場景中看到他一遍又一遍地複習劇本），他退回到他四四方方的化妝拖車上，在鏡子前站好姿勢，嚴厲斥責自己失敗得這麼慘。

我對他的痛苦感同身受，很顯然我也經歷過這種事。但和我生命中其他的一切比起來，我覺得這不值得譴責自己。我不確定以前是不是這樣，但尤其是現在，我的演員工作不能界定我這個人。我漸漸開始無法下載詞彙、一字不差地重說一遍，這個現象只是池塘裡最新浮現的漣漪。造成我記憶力減退的原因有好幾個，不管是因爲年齡、疾病帶來的認知問題、不斷地意識到自己的帕金森氏症導致無法專心，還是由於脊椎問題所以感覺沒有那麼敏銳，我都把記憶力衰退看成是一個單純的訊息與指標。凡事都有定期，我每天工作十二個小時、記住七頁對白的時代已經過去了。至少現在是這樣。爲了公平對待我自己還有製作人、導演、剪輯師，和可憐飽受折磨的場記，更不用說那些喜歡節奏快一點的演員了，因此我決定再度退休。這決定有可能改變，因爲一切都會變化。但如果我的演藝生涯到此結束，那就這樣吧。

海龜紋身

我在蘇活區找了一位綽號「K先生」的藝術家幫我紋身，那是一隻細線條的黑灰雙色海龜，沿著我右前臂內側往掌心方向滑。我在紋身店的椅子上當場貼了一張照片到Instagram上。追蹤粉絲的典型反應是：「你紋身了？誰會在五十八歲才第一次紋身？」

好問題。我有答案：就是我。基於目前流行的文化規範——現在人人都有紋身，我認爲我身上沒有紋身反而是種叛逆的行爲。這個紋身並沒有讓我變成「圖案人」，而且崔西說如果我再多紋一個刺青，她就宰了我。那麼爲什麼是現在？一切都要回到那隻海龜身上。

那是在一九九九年的新年、千禧新年的前夕，我們全家在維京群島度假。那天快要結束時，崔西和我單獨在海灘上，我心不在焉。我正在猶豫不決，是要繼續再演一季《城市大贏家》，還是要退休創立一個以研究爲主的帕金森氏症基金會。我走進海裡游今年最後一次泳。我漫無目的地在草綠色的礁石邊緣浮潛，突然發覺身邊有一隻傷痕累累的大海龜。他的右前鰭不知被什麼東西切掉了一大塊，龜喙上有一道難看的傷疤。我們一起游了一會兒。這傢伙顯然經歷了很多風浪，有權到牠想去的任何地方。牠向我灌輸了牠的意志。當然，隨波逐流可能會比較容易，但有時就是必須冒險開闢新的路線。

二十年後，當我思考如何才能從我經歷的情緒和身體方面的打擊中走出來時，我想起了那隻意志堅強的海龜。把牠紋在身上，代表的是我永遠的尊敬和感激。如同我用手臂的X光片來說明我遭遇了什麼事，這個海龜紋身讓無形的變成了有形的：把再生的力量和生存意志變成了視覺記錄。

我的海龜游過五個環，一圈圈的漣漪代表我人生的五十年。這些環也象徵牠和我擺脫了困境。我經歷了一段艱難的歲月，如今在風平浪靜的水域游泳。我身上有戰鬥留下的疤痕，還有用來證明的紋身。

第22章

甩開一切

每年十一月，米高・福克斯基金會都會在紐約市舉辦一場盛大的晚會。熱情的觀眾聚集在一起，聽一些了不起的音樂人表演，例如誰合唱團、艾維斯・卡斯提洛、克里斯・馬汀、詹姆斯・泰勒、保羅・賽門、約翰・梅爾、雪瑞兒・可洛、大衛馬修樂團、約翰・弗格蒂、瓊・捷特、邦・喬飛、布萊德・派斯里。我們說這天晚上的活動是「在治療帕金森氏症的途中發生的趣事」，所以當然也邀請了一些喜劇演員，例如丹尼斯・利瑞、瑞奇・賈維斯、大衛・萊特曼、強・史都華、克里斯・洛克、吉姆・加菲根、艾咪・舒默、羅賓・威廉斯、約翰・慕蘭尼、柯林・昆恩、蒂娜・費，還有其他活寶。

來賓開懷大笑、飽餐一頓。門票非常昂貴，因此我們募集到很多錢，一個晚上大約五百萬美金，所有的款項都用在研究上（活動由我們董事會資助負責）。來賓一旦到場，我們就不會再讓他們掏腰包——沒有拍賣活動，也不會再要求捐款。這場晚會的目的是慶祝這一年的進展，並和支持這個爲帕金森氏症病友社群服務的事業的人見面交流。

每年在這場慈善晚會上，我們都會用短片的形式介紹基金會的使命和作法。影片向來都是由奈兒和我共同製作，奈兒還貢獻了她當導演的才華，用同理心和洞察力巧妙地完成任務。

今年的影片講述帕金森氏症患者吉米・崔的故事，他是來自伊利諾州博林布魯克市的一位技術主管。說他是社運人士和募款人就太小看他了——他是兼職的帕金森氏症忍者。他和這種病共存的親身經歷對很多帕金森氏症病患來說特別有影響力，包括我——尤其是我。吉米在接受奈兒和我採訪時坦白說出自己的經歷，他說的事很多聽起來都很熟悉。就像我小時候常說的：「只有經歷過，才能理解另一個人的感受。」

「我在二〇〇三年被診斷出青年帕金森氏症，當時我二十七歲，」吉米道來。「有一段時間，我沒有告訴任何人我得了帕金森氏症，就連我太太都不知道。接下來的七年裡，我完全不理會自己得了帕金森氏症的事實。我的體重增加了七十磅，這對我愈來愈惡化的健康一點幫助都沒有。我需要拐杖才能走路。很明顯，我已經放棄了。」

這跟我灰暗的過去如出一轍：我也是在差不多的年紀——將近三十歲的時候——被診斷出青年帕金森氏症。雖然我有告訴崔西，但我對大多數人都隱瞞了。

吉米繼續說。「然後我遇到了兩次『頓悟』的時刻。第一次是在生病八年後，我抱著九個月大的兒子梅森下樓。我覺得**我不需要拐杖，因為我有欄杆**。我把兒子夾在腋下。當我走到第二還是第三階的時候，我的一條腿沒有跟著移動。我的腦子以爲我的腿動了，但腿其實落在後面。我從整座樓梯上摔了下來。幸好我把梅森抱在上面，所以他沒有受傷，但至少可以說是讓我受到很大的震撼。我的家一直是我的『安全地帶』，在家裡我可以不用管我的症狀。我有種錯覺，認爲在家裡不會發生任何壞事，因爲唯一知道我得了帕金森氏症的那個人會保護我。」

這和我的經驗像得詭異。摔得慘烈、光是日常生活就充滿挑戰。同樣地，我在自己家裡也有一種安全的錯覺，其實更像是一種自滿的心態，直到我摔斷了手臂。現在每次走進自己家的廚房，我都會回想起那件事。他在走那座樓梯時八成也有同樣的感覺。

「最糟糕的不是撞到地上，而是抬頭看見我太太和女兒，我永遠忘不了她們臉上驚恐的表情。這讓我思考：『此刻的我究竟淪落成了什麼？我變成了累贅、安全的隱患。光是抱著兒子，就有可能讓我們兩人都面臨危險。』」

吉米的這段故事讓我想起我最後一次宿醉的情景：崔西臉上厭倦的表情讓我戒了酒，認真面對有帕金森氏症和家人的生活，那是另一種覺醒。

「我當時就意識到我不能不改變，」吉米說。「我不喜歡我的生活方式。雖然我不知道該怎麼辦，但繼續這樣下去絕對不是辦法。」

聽他這麼說我覺得很詭異。我也有過這樣的時刻，帶給我啟發，影響我很大。

「我開始減肥、注意飲食，和家人一起散步，但我並沒有強迫自己鍛鍊身體。後來我讀到一名帕金森氏症患者跑完馬拉松的故事，這確實激勵了我。在診斷出來前，我曾經是個運動員，擔任過高中美式足球隊的隊長，也從事摔角、高爾夫球等運動。於是我決定參加五公里賽跑，之後再跑十公里，很快地就開始跑半程馬拉松。我上了癮。我簡直不敢相信，在規律嚴格地運動後，我感覺好多了。我可以不再需要拐杖。」

沒錯，我心想，做好此刻該做的事就好。你的家人會看到你站起來，往前走，繼續前進。

「我爲了參加幾個月後的二〇一二年芝加哥馬拉松賽設定了訓練目標。不幸的是，比賽名額已經滿了，沒辦法再報名。」

但其實有辦法。米高・福克斯基金會和其他慈善機構一樣，在馬拉松賽和其他大型賽事中都有拿到一些數量有限的號碼布，提供給跑者來為我們的事業籌募資金。

「因爲我長期以來一直不願意面對帕金森氏症的問題，所以這是我第一次和基金會聯繫。沒多久我就聯絡上福克斯團隊的史蒂芬妮，她還剩一塊芝加哥馬拉松賽的號碼布。我一直認爲那塊號碼布注定是我的。

「我爲福克斯團隊跑那場馬拉松賽，那是我第二次『頓悟』的時刻。這場比賽不只把我和基金會連繫在一起，現在基金會已經成爲我生活中很重要的一部分，而且也給了我向朋友家人『坦白』的動力。我不得不解釋爲什麼我會爲帕金森氏症的研究籌募資金。他們的反應讓我大吃一驚。我的朋友家人聽了我的故事，他們非常支持我。」

對於像吉米這樣的人來說，要說出自己的診斷結果比我更難，而我要坦承已經非常艱難了，所以我可以想像他的感受。這是非常個人的選擇，要「公開」是非常可怕的事。家人朋友第一次表示支持的意義非常重大。

「在短短一個月內，我就募集到了五千美元。隱瞞了那麼多年以後，我公開說出自己的故事，讓其他人了解這個疾病。我在四個星期裡完成了這一切，而在這之前的八年我什麼都沒做。這是自從被診斷出來後，這麼多年來我感覺最正面的時候。福克斯基金會讓我做到了這一點。」

吉米的太太雪莉兒補充說：「一切頓時豁然開朗。只是報名參加了一項活動，爲研究募集資金，結果和親友談這件事突然就變容易了。『吉米得了帕金森氏症，』我們終於告訴他們。『我們正在努力應對。』感覺不再那麼可怕了。」

吉米微微一笑。「芝加哥馬拉松賽過後沒多久，我就參加了第一次的米高・福克斯基金會聚會。這是福克斯團隊在紐約市舉辦的最有價值選手的晚宴，表揚頂尖的募款人。我和一群陌生人坐在同一桌，他們也是帕金森氏症患者，後來都成了我的朋友。忽然間，我明白了世界上有很多人和我一樣，得和帕金森氏症共存。每個人都有一點資訊和建議可以讓我用來改善自己的狀況，是我可以學習的東西。我很快就有了足夠的知識可以回饋給其他人。

「帕金森氏症病友社群的整個意義突然顯現出來了。我們在第一次福克斯活動上見到的人數多到讓我們感到震驚，竟然有那麼多了不起的患者和他們的家人。我們受到基金會每個工作人員的鼓舞和激勵。雪莉兒和我那時就明白了：『我們必須做得更多。這些人在費盡心力地尋找治療帕金森氏症的方法。我們需要做更多的事，因爲這就是現在的我。』」

像吉米這樣的患者消除了大家對帕金森氏症的偏見：一般人都認為帕金森氏症是

老年人的疾病，年輕人不會得。在我們成立基金會之前，青年病友社群並沒有充分發揮潛能，沒有主動積極地提高大家對這種病的認識、利用政治力量倡導、籌措資金。基金會傳達了他們的訊息：帕金森氏症在這裡，這種病是實際存在的，並且可能會影響你或你認識的人。

「現在我已經爲福克斯團隊跑完了十六場馬拉松，還有一百場以上的半程馬拉松賽。雪莉兒和我在伊利諾州發起了『甩開一切五公里賽』的活動，募集到了將近四十萬美元。我的身體很強壯，雖然還是有症狀，也有狀態不好的時候，不過我對帕金森氏症的控制比以前好多了。在女兒的慫恿下，我鍛鍊身體參加《美國極限體能王》的試鏡，那是她最愛的節目。我很高興我參加了。

「到目前爲止我參加了四次《極限體能王》的比賽，眞是有趣極了。

「我記得你曾經說過，這病最好的專家就是『患者』本身。幾年前，我同意加入米高・福克斯基金會的患者委員會，和來自全國各地不同年紀、不同疾病階段的其他三十四位患者一起。基金會的人眞心想知道對我們來說什麼最重要——我們每天遭遇什麼樣的考驗，還有基金會可以做些什麼來幫助我們改善現在的生活。

「我也利用基金會的線上工具『福克斯臨床試驗搜尋器』幫我和可以參加的臨床試驗配對。有更多的試驗，就代表有更多的射門機會。」

我很欣賞他拿冰上曲棍球來比喻，非常貼切，因為那正是我們的宗旨。從四面八方射門：猛射、腕射、長射，全都是為了讓冰球越過球門線。我們一直努力不懈，而吉米具體表達了我們把患者擺在第一位、想要成功找到治療方法的決心。

「我知道我還得跟這個疾病共存很多年，所以我必須盡我所能地照顧好自己。我想爲了子女堅強起來。我想讓他們知道我盡了最大的努力。萬一他們在生活中遇到了什麼困境，他們可以想想：『爸爸會怎麼做？』」

很明顯，我也能理解這種渴望。我有時會犯一個錯誤，就是認為我的孩子看見的是我做不到什麼，而不是我能做到什麼。但他們看到的不是疾病，而是他們的爸爸。

「我透過福克斯團隊認識的每一個人，包括患者、家屬和基金會工作人員，都抱著戰勝帕金森氏症的心態。我身邊圍繞著一群積極樂觀的人，在那裡支持著我，不論我往哪個方向倒，他們都會讓我再站起來。那是我現在能走到這裡的重大關鍵。」

後來，我告訴吉米他的感言令我非常感動。我哽咽著對他說：「兄弟，你讓我再站起來好幾次，你自己都不知道。我有好多次想到你，想到你達到的成就和你回饋給基金會的一切，這些事蹟幫助我度過了一些難關。我的人生中有很多導師，但沒有很多偶像，你就是其中之一。」

可靠的基金會

我們介紹吉米・崔的影片是晚會活動的亮點之一。觀衆已經全神貫注、反應熱烈、熱情高漲，而吉米的活力又把氣氛帶到另一個高潮。史蒂夫・溫伍德演奏，音樂很棒，喜劇演員很搞笑。在晚餐後的某個時間點，崔西和我上臺，站在指揮臺上，向大家道謝。我通常有滿腦子想說的話，而崔西雖然有時在麥克風前會害羞，但也不討厭脫稿演出，拿我來開玩笑，逗得觀衆哄堂大笑。要是她拿我開刀，我就會還以顏色，仿照桑尼和雪兒的方式（只是少了一些亮片和流蘇）。這樣來來回回說了一、兩分鐘後，我們意識到還有正事要做，於是回來按照提詞機上的講稿說話。

我掃視宴會廳裡的一千張面孔，心裡想著：**看看我們做到了什麼**。二十年前，奈兒、黛比．布魯克斯和我蹲在我們以前《城市大贏家》的辦公室裡，規畫基金會的藍圖，完全沒有想到基金會發展到今天的規模。我很少有這樣的眼光。

回到二〇〇〇年，我們宣布提撥第一輪的科學補助金時，大腦研究雖然前景看好，資金卻嚴重不足。我們滿懷熱情地投入大腦的研究。從基金會成立以來，在座很多人都有極大的貢獻：無比慷慨地支持的董事會成員和他們的副手；由黛比、塔德．雪勒與索希妮．喬杜里所帶領的才華洋溢的工作人員，以及每天都在努力解開這病的祕密、盡心盡力的科學家。今晚也有一些患者和他們的家屬在場，其中有很多人都實際參與了我們的發展過程：他們報名參加臨床試驗、擔任理事會和委員會的職務、負責倡導和擴大社群的服務範圍、透過福克斯團隊籌募資金，今晚影片中重點介紹了這個基金會的特別分支機構。我們在紐約的工作人員幫忙指導、支援這些社群的募款人，參加在世界各地舉行的六千四百場不同的活動，而且還在持續增加中。在我們的辦公室裡，或是任何會議或大會上，身爲福克斯團隊的成員都是一種榮譽。這群志願者爲米高・福克斯基金會募集了將近一億美金，對基金會整體的成功貢獻極大。

令人難以置信的是，在不到二十年的時間內，米高・福克斯基金會已經資助了十億美元的研究經費。十億美元是一大筆錢，而二十年似乎是很漫長的時間，不過從研究的角度來看，我們的速度算非常快了。在尋找帕金森氏症的治療方法方面，我們絕對相信自己是先鋒。

我再度環顧一張張面孔，突然想到，每當我因爲個人遭遇的挫折而責怪自己，或覺得自己在生活中顯得很無能的時候，我都需要回想起這一刻、眼前這片全景，這一切是本能地想要幫助別人、擁抱社群、努力創造改變的成果。**壞事也可能帶來好事。**

突然間，晚會的觀衆哄堂大笑。我從胡思亂想中清醒過來，發現崔西剛才說了好笑的話，我沒聽到。我相信在回家的車上她一定會很樂意再說一遍。

有點年紀

哨兵烏鴉站在我們那棵老雪松樹最高的大樹枝上，發出一連串刺耳的呱呱叫聲。周遭樹梢上的鳴禽、椋鳥、麻雀嚇得飛了出來，輕快地拍著翅膀撤離。牠們怕的並不是烏鴉，而是烏鴉害怕的東西讓牠們驚慌失措。一隻鷹在附近的天空上懶洋洋地繞著圈子。鳥類的邏輯一定是這樣：**大家同時行動，數量多了就安全**。

我從我家後陽臺觀察到這一切。我手邊有一副雙筒望遠鏡，是孩子送給我的父親節禮物。我正要伸手去拿的時候，葛斯來到陽臺上。我看了牠一眼表示打招呼，然後看著牠像鷹一樣慢慢轉圈子。準備好了以後，牠才小心翼翼地在我旁邊坐下來。我明白這老傢伙爲什麼費這麼大的功夫、小心謹慎地在著陸區上方盤旋。屁股落地的那最後一呎半距離，全憑重力和運氣。

「我正在賞鳥。」我告訴牠。一會兒後，牠看看我又看向院子，好像明白我在說什麼一樣。也許不是這麼回事。我聽見鷹高亢的啼叫聲，把一隻兔子嚇得從灌木樹籬跑出來。葛斯低沉地吠了一聲，擺出「準備站起來」的姿勢。

我大笑，牠停了下來。「你不能去追那隻兔子，你是個老頭子了。」牠老了。我們面對現實吧：牠的生理年齡比我還老，身體後半部的肌肉量似乎變少了。牠的後腿不再像從前那樣有力，可以上下車子、越過障礙、奔跑、追兔子。牠的臀部一碰就會有點痛，因此步伐受到了影響。牠的動作變得比較慢，而且可能有點無精打采。牠是隻大狗，所以我們能明顯看出牠的體重減輕了。牠最壯的時候體重是一百一十五磅，現在輕了一點。我們必須多花點工夫，讓牠的體重保持在一百磅以上。

在認知方面，牠仍然非常可靠。牠讓我印象深刻的是牠對順序的理解很合乎邏輯，可能是憑直覺，也可能是本能：喝水－散步－吃東西，下一個回家的是誰，他們還有多久會到，他們會開什麼車（牠知道哪輛車是我的）。牠理解原因、結果，以及後果的概念。這表示牠明白過去、現在，和未來嗎？我認爲狗是同時活在過去、現在，和未來。我也曾經試過，但行不通。

帕金森氏症奪走了我的嗅覺，但我的家人滿腹牢騷地告訴我葛斯最近異味更重了一點。我們一起看電視的時候，有時大家會突然皺起鼻子衝出去。我會看看葛斯是不是在房間裡，以確定不是因爲我。

除了這些像《老黃狗》電影裡男孩與狗的情節外，我和葛斯之間還有一些地方眞的很像。我看著葛斯變老、毛色變得灰白、毛愈來愈亂、愈來愈稀疏。我也差不多，雖然我很希望自己能有牠那樣的腰身。

葛斯十二歲了。以狗來說應該不算老，但牠的確老了，因此我們可以理解「狗的一歲等於人的七歲」這個假公式背後的根本原因，大概是爲了讓我們對狗的短暫壽命比較能釋懷才編造出來的吧。基於葛斯的體型和牠混雜的基因，牠應該活不過十四歲。不過在我看來，這是可以商量的。不管遇到什麼威脅，我都可以設法預先阻止。現在對於狗的各種疾病都有有效的藥物可以治療。如果葛斯需要開刀，牠有很棒的獸醫。如果有一天牠沒辦法再用後腿了，我就會爲牠做後輪，一輛牠可以靠前爪推動的推車。

葛斯讓我看清楚了衰老，還有最終的死亡。在我的病史中，我已經用過了上面提到的所有選項：標準的帕金森氏症混合藥物、背部和手臂的手術，還有輪椅。一切都是爲了延長壽命，希望讓剩下的旅程盡可能舒適一點。

我曾在哪裡讀過，有一種原產於南太平洋的紅海膽，根據記載可以活到兩百五十年以上。該死的海膽。那種長滿刺的討厭傢伙可以在海裡待兩百五十年，而我的狗葛斯卻只能在陸地上遊盪個十二年左右。這種事我該找誰負責呢？

第23章

午夜花園

「你有沒有聞到大麻的味道？」崔西用比音樂更大聲的音量問。

「我聞到了什麼？大麻？妳有聞到嗎？」

她誇張地點了一下頭。

我們在麥迪遜廣場花園。吸血鬼週末樂團的門票全部賣完了，對於一個曾經跟隨伯尼・桑德斯競選活動巡迴演出、古怪、快節奏的即興演奏樂團來說，真是了不起。

「沒有，我聞不到啊。」我笑著說，指了指自己的鼻子，再比個顫抖的手勢。

有些帕金森氏症患者會完全喪失嗅覺，但我還能聞到一點點氣味。蒙住我的眼睛帶我走進馬廄，我可以下載足夠的嗅覺資訊詢問「小馬在哪裡？」。可是今天晚上，我什麼都沒聞到，我聞不到大麻的味道。毫無疑問，少了這種感官是一種損失，但這個問題出現的時間可能比我被診斷出帕金森氏症還早，所以我已經把這當成正常狀態。我的味覺也受到了影響，但奇怪的是，胃口並沒有受到影響，造就了我的老爸身材。

在我得了這種病之後的二十九年裡，失去的所有東西中，這些症狀是最微不足道的問題。不過，對一個搖滾演唱會上的五十八歲男人來說，就算是爲了懷舊好了，來點大麻的香味還是不錯的。我本身不抽菸，但誰知道呢，說不定在我等待自己的非精神治療藥物發揮藥效時（帕金森氏症藥物，完全沒有興奮作用），我會嗅到一點而興奮起來呢。崔西輕鬆破解了我手勢的含意，輕輕拍一下她自己的鼻尖，笑著說：「太可惜了。」

這個樂團棒極了。有一位世界一流的吉他手、兩名鼓手，和一位手指異常靈活的貝斯手，他們的節奏複雜、具有感染力。在我左邊，兩個女兒絲凱勒和艾思梅正隨著音樂搖擺。山姆在洛杉磯，艾奎娜在上班（廣告界永遠沒有休息）。在我右邊，崔西正全心全意地隨著音樂跳舞，讓音樂浸透她的每一個毛孔，再透過擺動髖部、揮舞手臂、搖晃屁股宣洩出來。這位小姐很會跳舞。

我就沒那麼行了。我的舞向來跳得不好，跳得最好的動作都是無意中跳出來的。崔西在我們參加的每場演唱會上都會跳舞，這是我決定今晚來這裡的原因。我要參加大型公共活動都需要花費一番工夫，這和有名或是被認出來無關，而是因爲單純的細節安排問題。多年來我一直是麥迪遜廣場花園的常客，我在這裡看過大型拳擊賽、遊騎兵隊和尼克隊的比賽，還有幾十場演唱會。我們看過滾石樂團、U2樂團、珍珠果醬樂團、布魯斯．史普林斯汀，還有個星期五晚上，我女兒甚至帶我來這裡看凱蒂．佩芮。大多數安全人員我都很面熟，還叫得出很多人的名字，每次我來他們都會特別關照我。由於我沒辦法安全地穿過演唱會的人潮，也無法靠雙腳走到世界最著名的體育館的另一頭，所以他們爲我提供輪椅，我就在麥迪遜廣場花園的警衛護送下，坐著輪椅穿過體育館的內部。

我發現我如今其實可以接受使用輪椅了。我不再把輪椅看成是暴君，而是工具。我已經成功擺脫了帕金森氏症的限制過生活，所以我也不再爲一張單純有輪子的椅子而煩惱。羅斯福不讓人拍到他坐輪椅的照片，約翰・甘迺迪也是。但我已經克服了這個問題。我又不是什麼總統，不必擔心希特勒或卡斯楚會評估我的缺陷和弱點。我只是個退休的演員，想跟老婆女兒一起去聽演唱會。繼續前進吧。

麥迪遜廣場花園的服務人員推輪椅的禮儀無可挑剔，依照崔西和女兒的速度跟在她們旁邊，偶爾插嘴說一點紐約遊騎兵隊的八卦。他送我們到我們的座位區。我從輪椅上站起來，沒有人吃了一驚或慌慌張張。我小心翼翼地往上爬了幾階金屬樓梯，然後一屁股坐到座位上，任務完成。我開始接受我需要一座村莊的說法。我自己也是村莊的一分子，我盡我所能地貢獻自己的力量，努力成爲可靠的公民。我覺得很幸運能夠來到這個地方，和我所愛的人在一起。爲了這裡的音樂、女兒、淡淡的大麻菸味，當然，還有崔西，所有的努力百分之百值得。

在歌曲和歌曲之間的空檔，艾思梅和絲凱勒從座位上溜出去，然後很快就戴著吸血鬼週末的漁夫帽回來。她們看起來很可笑又很漂亮。崔西對她們的帽子豎起大拇指，但從頭到尾都沒有中斷過她的節奏。她整晚都站著，和演唱會的節拍完全同步，看起來比較像我交往三個星期的女朋友，而不是結婚三十一年的老婆。

年輕的觀眾跟著樂團一起唱歌，整個演唱會場都在搖擺。我雖沒有跳舞，不過我也站著，有時指節發白地緊抓著扶手，還跟著一起唱。我唱得比跳得還糟，不過幸好來自舞臺、體育館遠端和站在體育館地板上的觀眾放大音量的吼聲掩蓋了我五音不全的歌聲。樂團開始彈奏他們目前最熱門的歌曲〈和諧大廳〉開頭的和弦。我跟著唱副歌的招牌歌詞：**我不想這樣活著……但我也不想死**。天啊，可不是嗎？

如今那句話一直在我腦海中縈繞不去。我是在車上聽天狼星衛星電臺時聽到這首歌的，到現在還在仔細思考爲什麼這句歌詞會引起我的共鳴。問題是，這兩個對立的聲明，哪一個比較有份量：是**我不想這樣活著**還是**我不想死？**當然，我不考慮吸血鬼主唱艾茲拉・科尼格的意思、動機或方法，也沒有考慮他創作這首歌的初衷，我也不打算去找他問答案。這讓我想起有一次我在米高・福克斯基金會一年一度的募款活動上，和保羅・賽門一起彈奏〈我和胡利歐在操場邊上〉。排練的時候，我對一句歌詞有點猶豫。我對保羅說：「這太難懂了。」他一本正經地看著我說：「是啊，米高，沒錯，的確不好懂。」如果問詩人和藝術家他們的作品代表什麼意思，他們總是用自己的問題來回答：**嗯，那對你來說是什麼意思呢？**不要期望他們會一直等待你回答。

事實是，我並不想這樣活，但我已經找到方法接受這個現實。雖然有時候，我的藥物會失效、腳步蹣跚，連穿過房間都很危險，但也有同樣多的時候，一切都很順利。在那些時候，例如今晚和家人一起外出，我都覺得愉快滿足。在那些時候，我擁有我所需要的一切。

我之前一直感覺時間受到壓縮，試圖同時活在過去、現在，和未來。三者之間的界線變得模糊不清。

如今當我回顧過去，是爲了獲得智慧和經驗，而不是爲了後悔或羞愧。我不會試圖消除過去，只會接受。無論我今天的身體狀況如何，我都會好好克服、活在當下。如果跌倒了，我會爬起來。至於未來，我還沒去過。我只知道我有一個未來，一直到沒有了爲止。我們最後一個失去的就是未來。

其實，歸根結柢就是感恩。我對一切都心懷感激，包括每次遇到的倒楣事、每次走錯的路，還有意料之外的失落，因爲這些都是現實。現實讓我的喜悅、成就，以及家人給我的無與倫比的愛都顯得特別鮮明。我可以既是現實主義者，也是樂觀主義者。

有人要檸檬汁嗎？

後記

在寫這本書的過程中，發生了一件不好玩的事。就在我進行個人的反思時（簡直專注到必須動用口腔鏡），世界爆炸了，或者應該說是塌縮了。實際上兩者皆是。在花了一年多的時間用非常狹隘、以自我爲中心的角度審視自己的人生之後，我的世界觀突然擴大，從三萬英呎的高空俯瞰這顆陷入危機的行星。跟七十億人在全球大流行病當中的生死掙扎比起來，個人的艱辛和成就突然好像變得無關緊要。

世界各國都進入封鎖狀態。我們躲進屋子裡關上門，在隔離期間尋求庇護。但雖然我們各自分開生活，卻以某種方式擁有共同的體驗。

我從來沒有這樣想過，不過多年來我一直在保持我自己的社交距離。以我的情況來說，就是在我自己和其他人之間隔上一條手臂加一根拐杖的長度，利用這個方法來保護別人，以免他們陷入到我造成的危險。坦白說，我在情感上也跟別人保持距離，例如：**你沒辦法體會我的問題**。現在我保持社交距離的隔離狀態有了同伴。每個人都保持安全距離，擔心自己和家人朋友的健康。不管我們之前的問題是什麼，現在全都面臨同樣的大問題，沒有人知道接下來會怎樣。

◇◇◇

在紐約市關閉了公司行號、餐廳、酒吧，並限制大家進出公共服務設施之後沒多久，崔西和我召集了四個孩子（其中有三個目前是獨立生活），一起搬到我們在長島的避暑別墅。我們就躲在那裡。我們六個人已經好多年沒有這麼緊密地生活在一起了，從很多方面來說，這都是我永遠難忘的經驗。

我很慶幸我的家人都平安無事地在一起，我們都在家裡找到可以遠距工作或上課的角落。我們很珍惜沒有工作的時間，把這些時間全都放在彼此身上，拼拼圖、看老電影。崔西煮的菜讓人讚不絕口，我們大家圍在餐桌旁，討論世界問題、辯論政治和社會政策。

我們注意到這個情況有好有壞。感染病毒的人在醫院裡孤獨地死去，身邊沒有家人照顧、安慰。但同時病毒也讓像我們這樣的家庭一起聚在屋子裡，拉近了彼此的距離，彼此之間的連結比以往任何時候都要來得緊密。不過，在個人的層面上，還是有一些失落和失望的事。

我女兒艾思梅今年六月從高中畢業，但就像大多數二〇二〇年這屆的畢業生一樣，由於情況特殊，沒有舉行畢業典禮。她和她同學沒有任何紀念畢業的儀式，沒有畢業舞會，也沒享受到辦理其他與完成高中學業相關的瑣事或手續的樂趣。他們今年秋天進入大學當新鮮人，預計不會有平常的儀式和重大活動，不會有人張開雙臂歡迎他們進校園，也不會有父母親含著眼淚送他們到學校。

失去這些重要的里程碑，艾思梅若無其事地承受了。但這不表示她不承認這種情況糟透了，只是她看得出來其他人所受的苦要比她嚴重多了。她說：「在有人想念他們的家人、還有人死去的時候，我沒辦法因爲畢業舞會取消了就對這個世界生氣。」最糟糕的是什麼？失去人和人之間的聯繫，不能和學校的朋友、老師說再見，無法親自參與高中生活的尾聲。「我不在乎錯過的活動，我在乎的是這些活動原本會提供的聯繫。我眞的很想和其他同學一起分享最後這段經歷。」在她本來應該參加畢業舞會的那天晚上，我們坐在後院裡的時候，她這樣告訴我。

我常說我爸媽在經濟大蕭條期間出生，在第二次世界大戰時期成年。奇怪的是，艾思梅這一代的境遇和我爸媽有點像：她在九一一恐怖攻擊事件之後沒多久出生，如今又在這全球疫情期間成年。她的童年被這兩起影響深遠的災難夾在中間，但她和她的同學都繼續前進。我欽佩這一代的孩子，欣賞他們面對這一切時的韌性和積極。這些青少年因爲希望有更美好的未來而團結在一起，他們共同支持第一線的工作人員，在這個他們生命中最奇怪的夏天爲社會改革參加遊行。

◇◇◇

事實上，艾思梅終究還是會有畢業典禮，安排在八月而不是在六月，將在電腦螢幕上舉行。這是一場虛擬的典禮。現在一切都是虛擬的：我參加過虛擬會議、跟朋友虛擬聊天，對帕金森氏症病友社群做過虛擬的簡報。

《牛津英語辭典》顯然明白這個詞需要新的第二個定義：

Virtual（形容詞）

（一）差不多或幾乎和描述的一樣。

（二）在電腦領域：實體上並不存在，而是由軟體製造出來的假象。

上星期我參加了一場我真實的朋友南希·萊德的虛擬葬禮。南希從我早期演出《天才家庭》的時候就是我的公關，我是她的第一個客戶，之後她的客戶名單上就多了一長串名人，他們都像我一樣愛她。南希幽默風趣、衝勁十足、充滿愛心、令人懾服，是每個人都會希望在背後支持自己的那種朋友。

大約六年前，她被診斷出肌萎縮側索硬化症：俗稱的漸凍症。每次我到洛杉磯都會去探望南希，和崔西或是潔絲汀・貝特曼一起去，她也是南希的客戶。我們會坐在她位在好萊塢山的客廳裡，把所有的老故事重新說一遍。她那時還可以跟人交談，但一段時間後，就只能用布吉板液晶手寫板來溝通了。她會在手寫板上輸入字，虛擬聲音就會清楚地唸出她寫的字。她還是很有幽默感，這點從她打出「沒有人可以得到我的普拉達手提包」就可以證明。

南希的葬禮在洛杉磯舉行，我在紐約的家裡參加。那些參加葬禮的人全都戴著口罩，因此每個人出現在我螢幕上的小方框時，我都認不出他們的臉，只能看到眼睛和聽到蒙著口罩的聲音。現在好人都戴口罩了，真是奇怪。

◇◇◇

我們一起目睹醫事人員、醫師、護理師和第一線工作人員在疫情爆發的時候成爲眞正的英雄。我難爲情地回想起我在術後恢復期間和居家看護打交道時有多麼任性固執。現在我意識到在紐約遭受嚴峻考驗、最黑暗的時候，也就是可怕的三、四、五月裡，這些專業人員可能都動員起來爲大家服務。我很感激在我們城市和更遠地區的所有勇敢的醫事人員，特別感謝西奈山醫院以及巴爾的摩市約翰・霍普金斯醫院裡的那些工作人員，謝謝他們冒著風險做出的犧牲。

隔離期間，我和家人會在七點吃完晚餐後站起來，配合醫院換班的時間走到前陽臺上。我們加入隔離在各自泡泡裡的鄰居，一起敲鍋、吹口哨、搖牛鈴來支持醫事人員。我們可以聽見高興的感謝聲音從村裡傳出來，在大街小巷飄蕩。成千上萬的人在向宇宙傳送感謝的訊息。

照目前的情況來看，仍然有很多人感到一定程度的痛苦和恐懼：對自己的生活狀況、就業保障、小孩的教育，以及這全球性問題帶來的後果感到不確定。對於那些因為失去而身心交瘁的人，我希望他們最後會找到一些平靜和解脫。雖然很難想像，但在殘骸裡還是有希望的碎片，也有值得感謝的事情。確實，壞事也可能帶來好事。在共同面對疫情這場戰役的時候，很多家庭，包括我們一家，都幸運地發現了意想不到的和彼此共度的珍貴時光。

我們大家都可以從二〇二〇年這屆畢業生身上學到一些積極的心態，接受過去的事、擁抱現在，保持開闊的心胸，相信未來有可能變得更好。在這句忠告中，我聽到了史蒂芬．波倫的回聲：心懷感恩，就能保持樂觀。

米高．福克斯

紐約市

二〇二〇年八月

謝誌

崔西，妳的愛、我們的家庭、還有我們共同擁有的非凡生活，我全都說了出來，而妳從不審查也從不抱怨。我們創造了多麼不尋常又美妙的世界。妳是我的動力，支撐我度過每一天、做每一件事。妳讓一切美好的事情都成爲可能。我們一起前進，一起茁壯成長。我愛妳，我迫不及待想知道接下來會發生什麼事。

山姆，別搞錯了，我眞的愛你勝過葛斯。我找不到比你更好的兒子，也找不到比你更適合一起歡笑的好朋友。艾奎娜，像妳這麼努力工作的人怎麼還有精力這麼搞笑？妳聰明、風趣，又迷人。絲凱勒，我知道妳一直都在守護著我，我也守護著妳。

不過，事情不管怎樣都會發生的。艾思梅，二〇二〇年的畢業生，最後一個離巢的孩子。面對現實吧，妳受到了不公平的待遇，不過妳克服了困難的情況，看到了大局。妳有勇氣、有遠見，還有聰明才智。

我愛你們所有人，我喜歡當你們的老拔。

媽媽，我希望妳看到這本書的時候已經解除隔離了，謝謝妳教我要努力工作、愛每一個人。爸爸，我到現在還是不敢相信你竟然開車送我到洛杉磯，我覺得你一直在我身邊。史蒂夫、潔琪、凱莉：謝謝你們帶給我的一切，我覺得非常幸運，儘管我們之間的地理距離很遙遠，但我們的關係還是非常親密。我很期待我們的家族聚會，跟Laureen、孩子，還有孩子的孩子一起。凱倫，妳永遠與我們同在。

史蒂芬・波倫，我在寫這本書的時候，愈來愈明白你永遠是提供答案的人，希望對讀者來說也是這樣。你是沉著冷靜的化身，而且就像你說的，事情的確會好轉……不過你在的時候感覺更好。

珂琪，非常現代的女性大家長。我從來沒有看過妳生氣，也沒看過妳坐下。妳是眞正能夠鼓舞人心的人，也是我所能找到最好的岳母。麥可與Judith、Lori和Bob、丹娜跟Mitchell，還有堂表兄弟姊妹：我知道你們都站在我這邊，我很感激你們的愛和體貼。

麥可・波倫，老師。你讀了這份稿子的前幾頁就表示很感興趣並且鼓勵我。我每隔幾章就會詢問你的意見，你總是說：「繼續寫啊。」我照做了，同時聽從你專業的建議……注重眞實性和速度。我希望得到你的認可。

感謝我的前助理——現在的經理人——妮娜・君格里。妳總是陪在我身邊，同時又領先我一步，妳眞的是雷達・歐萊利。我對妳的愛和感激無限。沒有妳，我無法完成這本書，也熬不過過去幾年的瘋狂日子。我明白妳所做的犧牲，非常謝謝妳。

奈兒・佛坦貝瑞，我才華橫溢的朋友和長期以來的製作夥伴。我們有電視製作的經歷，但沒有出版方面的經驗，因此我們用執行電影或電視計畫的方式來對付這本書。妳做了繁重的工作，讓我們能夠按照計畫行事，並且處理研究和工作的細節。妳讓計畫順利進行，我只需要寫作就行了。我沒辦法用紙筆，因爲字跡潦草，也沒辦法用鍵盤，因爲我只會打出摩斯密碼，所以只能口述筆記的內容。有時連我都看不懂自己的筆記，但妳卻能照我說的速度迅速打出所有的內容，而且令人驚嘆的是，還能從創作和批評的角度來聆聽，就怎樣編寫素材提出建議和想法。妳不只幫我把我的故事講給讀者聽，也幫忙把故事講給我聽，沒有妳就不會有這本書。我非常感激，愛妳的夥伴。

哈蘭・科本與喬治・史蒂芬諾普洛斯，我的高爾夫叔叔、午餐約會對象，和珍貴的朋友。我還能說什麼我沒有說過的話呢？所有的球賽、歡笑、公路旅行都令人難忘。感謝兩位對我的書提出建議，謝謝哈蘭寶貴的筆記和意見。還有，幫我向 Anne 和孩子，以及亞莉、哈波、艾莉特問好。凱姆・尼利：謝謝你幾十年來的友誼，歡迎從隔離泡泡回來，我相信 Paulina、傑克、Ava 都很高興你回家。Ted Davis：我堅定、不顧一切、風雨無阻的高爾夫球夥伴。謝謝你所做的一切。

寇帝斯、卡洛琳、艾莉、布萊德，和傑克，沒有申克一家就沒有這本書，我們很幸運有你們在我們的生命中。

衷心感謝由總裁兼發行人的 Bob Miller 所領導的 Flatiron Books 優秀的專業團隊。Bob，你對我寫作的信心意義重大，我很感謝你對這本書以及其他本書的建議，你的意見總是富有洞察力和建設性。謝謝你，我們再來一本吧。我要感謝 Flatiron 出版社的資深副總及發行人 Megan Lynch、經理編輯 Emily Walters、執行藝術總監 Keith Hayes、副總及副發行人 Cristina Gilbert、副總兼宣傳總監 Marlena Bittner、副總及行銷總監 Nancy Trypuc、出版統籌人 Louis Grilli、宣傳經理 Christopher Smith、編輯助理 Lauren Bittrich，還有 Macmillan Publishing 的設計副總監 Michelle McMillian，謝謝你們富有創意的貢獻和支持。還要特別感謝 Macmillan 有聲讀物公司傑出的 Guy Oldfeld。

我要感謝英國 Headline 出版集團：非小說類出版總監 Sarah Emsley、廣宣總監 Lou Swannell，以及行銷總監 Fergus Edmondson，讓大西洋彼岸支持這本書。還要謝謝我的英國經紀人：Curtis Brown 經紀公司的 Gordon Wise，並且謝謝 Helen Manders 處理翻譯市場。

感謝我的文學經紀人，傳奇的 Binky Urban。我們又撐過了一本，感謝你。還要謝謝 ICM 文學經紀公司的 John DeLaney 和山姆・福克斯（不是那個山姆・福克斯），非常感激你們的辛勤工作。

感謝我了不起的編輯 Leslie Wells，非常的聰明、直覺敏銳。妳總是明白我在做什麼，鼓勵我抓住機會。妳筆記上的處理稿件時間令人非常佩服，尤其是在疫情流行的情況下。這不是我們第一次合作，也不會是最後一次。

Leslie Sloane，我頑強又有才華的公關。Sloaney，妳只要告訴我要去哪裡、跟誰說話、說些什麼就好。也要謝謝 Jami Kandel，她從來不曾犯錯。

Mark Seliger，當代頂尖的攝影師。你非常慷慨地分享自己的藝術作品，你的忠誠讓我自慚形穢，你的才華總是令我激動。

Ida Biering，謝謝妳超快的打字技巧及和善的丹麥人氣質。我們很喜歡跟妳一起工作。

感謝我了不起的醫療團隊：獨一無二、最棒的蘇珊・布雷斯曼博士；Rony Shimony 醫生真的是世界上最好的人，我的心臟得到妥善的照顧。麗莎・賈拉茲醫生，由妳治好我的手臂我真是幸運。尼可拉斯・西奧多醫生，我對你感激不盡，我總是知道你會支持我。

謝謝喬依絲，這一切都跟「吸菸外套」有關。

謝謝 Kim Rosenthal 醫生，獸醫學博士，和我們一樣喜愛葛斯。

我身體健康地感謝我的物理、職能，和語言治療師，以及所有其他在約翰・霍普金斯醫院和西奈山醫院幫助我動起來的工作人員。我要特別感謝我的物理治療師，也是朋友，萊恩・歐瑟和 Will Weinrauch，他們讓我能夠不斷地前進。還要謝謝老練的居家看護及護理師，在我復原期間容忍我，另外謝謝 Akebah 和 Kenroy 讓我搭便車。

我演藝生涯的「第二春」充滿了很有意義的角色與珍貴的友誼。感謝比爾・勞倫斯、大衛・E・凱利、賴瑞・大衛、羅伯特・金和蜜雪兒・金、Julianna Margulies、基佛・蘇德蘭、史派克・李，以及史提方・布里斯托。

丹尼斯・利瑞：你是他X的演藝圈最他X的勤奮工作的人，非常高興我們能夠一起工作，更高興我們是朋友。還要謝謝妳，Ann，訓練動物非常了不起，妳能容忍丹尼斯，簡直是他X的英雄。

七年前，我失去了我的朋友及導師蓋瑞．大衛．高伯格。蓋瑞，沒有你這一切都不會發生……

非常感謝我長期以來的經紀人：睿智的 Peter Benedek 及出色的南西．蓋茲，還有 Heidi Feigin 把我帶到這裡。

我要感謝克里夫．吉爾伯特－盧瑞（他在本書中意外地客串演出了一下）和 Jamey Cohen 幫我處理所有的法律事務，多年來一直站在我這邊。還要謝謝 Cole Stephenson 埋頭處理所有的文件。衷心感謝勤奮敬業的 Aaron Philpott 和他優秀的團隊 Amber Hamilton、Vickie Vlahos、Vincent Araneta。謝謝你們盡職盡責。鮑伯，我想念你。

感謝凱斯．理查茲，海賊王。

Anne Marie Dunleavy 和她在麥迪遜廣場花園的整個團隊，謝謝你們特別的關照和體貼。

K先生，我的海龜還在游泳。下次你幫我紋身的話，就會是葛斯了。

我永遠感激那些讓我的生活井然有序、充滿活力的人：Amuna Ali、Melida Smith、Noemi Dean、Marielle Kehoe、Caitlin Santora、Billy Lyons。

謝謝威爾・薩維奇提供肩膀給我倚靠。

吉米和雪莉兒・崔：謝謝你們和我們分享你們的人生故事，先是讓我們拍攝影片，接著讓我寫入書裡。你們兩人都是偶像。Karina 和梅森是幸運的孩子。

感謝米高・福克斯帕金森氏症研究基金會裡全體盡責的工作人員，共同創辦人兼執行副董黛比・布魯克斯和卓越的執行長塔德・雪勒博士是能幹的領導人。感謝你們兩人撥空審閱這份稿子的章節還有寶貴的意見。還要謝謝我們專家領導團隊的其他成員：Sohini Chowdhury、Holly Teichholtz、Jim McNasby、Brian Fiske 博士、Mark Frasier 博士、Will Fowler、Michele Golombuski、Jude Williamson，還有 Ted Thompson 法學博士。有你們的指導，還有我們重要的工作人員、董事會成員、志工、和資助者的認真努力，我相信我們注定會找到治療的方法。

作者簡介

米高・福克斯擔任職業演員將近五十年，同時也是一位出名的設運人士、慈善家、作家。米高和他的妻子崔西・波倫以及愛犬葛斯住在紐約市，他們的四個成年子女經常去探望他們。

相約在未來

——米高・福克斯回憶錄

作　　者：米高・福克斯
翻　　譯：黃意然
主　　編：黃正綱
資深編輯：魏靖儀
美術編輯：吳立新
圖書版權：吳怡慧
發 行 人：熊曉鴿
總 編 輯：李永適
印務經理：蔡佩欣
圖書企畫：林祐世
出 版 者：大石國際文化有限公司
地　　址：新北市汐止區新台五路一段 97 號 14 樓之 10
電　　話：（02）2697-1600
傳　　真：（02）2697-1736
印　　刷：群鋒企業有限公司
2023 年（民 112）12 月初版

定價：新臺幣 540 元／港幣 180 元

ISBN：978-626-97621-4-9（平裝）

總代理：大和書報圖書股份有限公司
地址：新北市新莊區五工五路 2 號
電話：（02）8990-2588
傳真：（02）2299-7900

國家圖書館出版品預行編目（CIP）資料

相約在未來：米高・福克斯回憶錄
一個樂觀者眼中的生與死
米高・福克斯 作；黃意然 翻譯. -- 初版. -- 新北市：大石國際文化, 民112.11　376頁；14.8 x 21.5公分
譯自：No time like the future : an optimist considers mortality.
ISBN 978-626-97621-4-9（平裝）

1.CST: 福克斯(Fox, Michael J., 1961-) 2.CST: 演員 3.CST: 自傳 4.CST: 巴金森氏症 5.CST: 加拿大

785.38　　112019015